읽다 보면 저절로 외워지는

초등 고사성어

EBS 국어 이서윤 쌤의 스토리텔링 학습 동화

이서윤 글 · 박소라 그림

여러분의 고사성어 실력이
일취월장했으면 좋겠습니다

여러분은 고사성어를 얼마나 알고 있나요? 혹시 고리타분하고 재미없다고 생각하고 있지는 않나요?

선생님은 어릴 적에 고사성어를 공부하는 게 재미있었어요. 고사성어가 어떻게 유래되었는지 설명하는 이야기를 읽으면 옛날이야기처럼 참 재미있기도 했고, 그런 역사적인 일화에서 복잡한 상황을 단 몇 글자로 나타낼 수 있는 말이 생겼다는 사실이 신기하기도 했거든요. 또 고사성어를 활용해서 말하면 무척 똑똑해 보이는 것 같아서, 말할 때 일부러 고사성어를 섞어서 쓰기도 했답니다.

사람들의 지혜와 생각 중에는 시간이 가도 변하지 않는 것들이 있습니다. 그중 하나가 고사성어고, 그래서 옛이야기에서 유래되었지만 지금까지도 많은 사람이 사용하고 있지요.

선생님이 이 책을 쓴 것은 여러분에게 단순히 많은 고사성어의 뜻을 외우라고 말하기 위해서는 아닙니다. 우선 여러분의 전반적인 국어 실력을 높여 주고 싶었고, 그러기 위해서 이 책을 어떻게 구성할지 많은 고민을 했습니다. 선생님이 이 책을 쓰기 전에 썼던《읽다 보면 저절로 외워지는 초등 어휘》라는 책에서 언어에 대한 감각, 언어에 대한 직관을 기르는 게 중요하다는 것을 강조했어요. 국어 실력을 키우는 데 가장 중요한 부분이지요. 그래서 이 책《읽다 보면 저절로 외워지는 초등 고사성어》도 우선 언어에 대한 감각을 기르는 데 초점을 두고 구성했습니다.

가장 처음에는 고사성어가 쓰이는 상황을 제시했어요. 그리고 예문도 많이 제시했고요. 이 책의 첫 번째 목표는 여러분이 일상생활에서 고사성어를 써먹을 수 있도록 하는 것입니다. 예문을 많이 접해 보고, 직접 많이 만들어 보고, 일상에서 실제로 사용해 보면, 모르는 고사성어를 만났을 때도 어떤 뜻인지 느낌이 온답니다. 또 고사성어가 유래된 이야기를 함께 읽으면서 글을 이해하는 능력인 문해력을 기를 수 있습니다. 유래를 알게 되면 고사성어의 뜻도 더 잘 이해되고, 잊어버리지 않게 되는 건 물론이고요.

그다음으로는 비슷한 뜻의 고사성어 - 반대 뜻의 고사성어 - 비슷한 뜻의 속담을 제시하여 한눈에 정리할 수 있도록 했습니다. 하나의 고사성어를 중심에 두고 머릿속에 가지를 쳐 가며 이쪽으로도 살펴보고, 저쪽으로도 살펴보는 것이죠. 그러면서 추론력과 이해력을 기를 수 있고, 언어에 대한 감각을 기를 수 있답니다. 조상들의 지혜를 얻을 수 있는 것은 덤이고요.

비슷한 뜻, 반대 뜻의 고사성어를 연결해서 쓰다 보니 많이 사용되지 않는 고사성어들도 종종 실렸습니다. 선생님이 뒷부분의 고사성어 목록에 중요도를 표시해 두었으니, 별로 중요하지 않은 고사성어는 '아, 이런 고사성어도 있구나' 정도로만 읽고 넘어가도 도움이 될 거예요.

고사성어에 들어 있는 한자가 어렵다고 걱정하지 마세요. 한자를 어떻게 쓰는지보다 더 중요한 것은 뜻과 음이에요. 이런 뜻과 음을 가지고 있어서 이 고사성어의 의미가 이렇게 되었구나, 하고 생각하면 됩니다.

읽다 보면 앞에 나왔던 고사성어가 바로 뒤에 다시 언급되기도 하고, 같이 설명되기도 할 거예요. 헷갈리지 않게, 비교하면서 공부할 수 있도록 순서를 엮어 보았습니다. 그리고 퀴즈를 풀면서 다시 한번 정리하면 됩니다.

이 책은 줄거리가 있는 이야기나 동화책처럼 단숨에 읽는 책이 아닙니다. 그래서 한 번에 읽고 끝내기보다는 틈틈이 읽어 보고 실생활에서 써 보기도 하고, 사전처럼 옆에 두고 가끔씩 찾아보는 용도로 쓰면서 꾸준히 어휘력을 높여 갔으면 좋겠습니다.

고사성어를 공부해 보면 어떤 고사성어가 어울리는 경우, 그러니까 고사성어가 만들어졌던 오래전 상황이 지금도 비슷하게 펼쳐지는 경우가 많다는 것을 알 수 있어요. 즉, 고사성어에는 시간을 초월하는 사람들의 지혜가 담겨 있다고 할 수 있지요. 또 영어의 속담을 보면, 우리나라의 고사성어와 닮은 속담들이 영어로도 존재하는 것을 알 수 있어요. 즉 지혜는 시간뿐 아니라 공간도 초월한다는 것을 알 수 있습니다. 사람이라면 과거와 현재 등 시간과 상관없이, 그리고 외국이든 우리나라든 공간과도 상관없이, 공통된 지혜가 있다는 의미겠죠. 그리고 그런 지혜라면 공부해 볼 만하지 않을까요?

이 책을 읽으며 여러분의 고사성어 실력이 일취월장했으면 좋겠습니다.

여러분의 고사성어 실력이 쑥쑥 자라기를 기대하며

이서윤 선생님

차례

6주 차

7주 차

8주 차

진도 확인표

	1주 차	2주 차	3주 차	4주 차	5주 차
월요일	일거양득	계란유골	유유상종	무용지용	백문불여일견
화요일	양두구육	언중유골	우이독경	과유불급	우공이산
수요일	유비무환	어부지리	불치하문	적반하장	심사숙고
목요일	사후약방문	설상가상	수주대토	주객전도	개과천선
금요일	자업자득	죽마고우	숙맥불변	화중지병	당구풍월
토요일	고사성어 퀴즈	고사성어 퀴즈	고사성어 퀴즈	고사성어 퀴즈	고사성어 퀴즈

고민상담

진도 확인표

	6주 차	7주 차	8주 차	9주 차	10주 차
월요일	자승자박	여반장	사면초가	새옹지마	교언영색
화요일	미봉책	용두사미	풍전등화	당랑거철	침소봉대
수요일	고육지책	화룡점정	십시일반	단도직입	부화뇌동
목요일	토사구팽	고진감래	사상누각	호가호위	중구난방
금요일	오십보백보	군계일학	동병상련	소탐대실	우후죽순
토요일	고사성어 퀴즈	고사성어 퀴즈	고사성어 퀴즈	고사성어 퀴즈	고사성어 퀴즈

1주 차

첫 번째 고사성어

일거양득 一擧兩得

一 한 일, 擧 들 거, 兩 두 양, 得 얻을 득

한 가지 일을 하여 두 가지 이득을 얻는다는 뜻

중요도: ◆◆◆

"이번에 우리 학교에서 하는 영어 말하기 대회에 참가해 볼 사람?"

"……."

"아무도 없니? 영어 말하기 대회에 나가면 선생님이 수업 끝나고 도와줄게. 그러면 영어 실력도 늘고, 선생님하고도 친해지고 **일거양득**이잖니!"

"에이, 선생님. 놀 시간도 빼앗기고, 나갔다가 괜히 떨어지면 망신만 당하고 일거양실이죠!"

"같은 일도 좋은 면을 보고 도전하려는 사람과 좋지 않은 면만 보고 피하려는 사람이 있단다. 어떤 사람의 미래가 더 밝을까?"

고사성어 뜻 이해하기

옛날에 사람을 잡아먹는 호랑이가 두 마리 있었습니다. 변장자라는 사람이 그 호랑이를 잡으려고 마음먹고 있었지요. 그런데 어느 날 변장자는 여관에 갔다가, 때마침 그 앞에서 호랑이 두 마리가 소 한 마리를 가운데 두고 으르렁거리는 것을 보았습니다. 변장자는 이때다 싶어 호랑이를 잡으려고 칼을 빼 들었어요. 그때 여관에서 일하는 아이가 뛰어나오더니 이렇게 말했습니다.

"두 마리가 싸우면 어느 한 놈은 죽지 않겠습니까? 또 이긴 놈이라고 해도 크게 다칠 테고요. 그때를 기다렸다가 한 번에 두 마리를 잡으면 어떻습니까?"

변장자는 그 아이의 말대로 호랑이들이 서로 싸우다 지치기를 기다렸고, 두 마리를 모두 잡을 수 있었답니다. 이때부터 사람들은 이 일처럼 한 가지 일로 두 가지 이익을 얻었을 때 일거양득이라는 표현을 사용하기 시작했답니다.

예문 만들기

예 어제 엄마 심부름을 했던 것은 엄마 일손도 덜어 드리고, 용돈도 받을 수 있었던 **일거양득**인 일이었다.

예 운동하면 살도 빠지고 건강해지기도 하니 **일거양득**이다.

예 이 핸드폰은 성능도 좋고 디자인도 좋아서 사시면 **일거양득**일 거예요.

비슷한 뜻의 고사성어

일석이조(一石二鳥: 一 한 일, 石 돌 석, 二 둘 이, 鳥 새 조)

한 개의 돌로 두 마리의 새를 맞추어 떨어뜨린다는 뜻이에요. 한 가지 일을 해서 두 가지 이익을 얻는다는 말이니, 일거양득과 뜻이 같습니다.

⊘ 반대 뜻의 고사성어

일거양실(一擧兩失: 一 한 일, 擧 들 거, 兩 두 양, 失 잃을 실)

한 가지 일을 하여 다른 두 가지 일을 잃어버린다는 뜻이에요.

⊘ 비슷한 뜻의 속담

꿩 먹고 알 먹는다.

예전에는 닭고기 대신 꿩고기를 즐겨 먹었어요. 꿩고기를 먹다가 그 안에 든 알도 덩달아 먹게 되는 일처럼, 한 가지 일을 하여 여러 가지 이익을 보게 될 때 쓰는 속담입니다. 그 밖에 비슷한 의미로 '누이 좋고 매부 좋고', '도랑 치고 가재 잡는다'라는 속담도 있답니다.

두 번째 고사성어

양두구육 羊頭狗肉

羊 양 양, **頭 머리** 두, **狗 개** 구, **肉 고기** 육

양 머리를 걸어 놓고 개고기를 판다는 뜻으로
겉은 훌륭해 보이나 속은 그렇지 못한 것을 말함

중요도: ◆◆◆

"뭐 먹을까?"

"우와! 이번에 신장개업했나 봐요. 엄청나게 크고 깨끗한데, 우리 여기로 밥 먹으러 가요!"

엄마와 유니는 크고 좋아 보이는 곰탕집으로 들어갔어요.

"여기요! 곰탕 두 그릇 주세요."

몇 분 후 음식이 나왔고, 엄마와 유니는 곰탕을 맛보았어요.

"이 집 **양두구육**이구나. 좋아 보여서 들어왔더니 음식 맛은 영 별로네."

고사성어 뜻 이해하기

옛날 사람들은 양고기는 비싸고 좋은 고기, 개고기는 싸고 질이 떨어지는 고기라고 생각했어요. 고기를 파는 가게 입구에 양의 머리를 걸어 놓으면 사람들은 그 가게에서 비싸고 좋은 양고기를 판다고 생각하겠지요? 그런데 실제로는 양고기가 아니라 값이 싼 개고기를 팔고 있다면 어떨까요?

양두구육이란 이렇게 겉으로는 번듯하고 그럴듯하지만 속은 별로일 때, 다시 말하면 겉과 속이 서로 다를 때 쓰는 말입니다.

예문 만들기

예 이 학원에 다니면 성적을 올려 주겠다고 했던 원장님은 막상 내가 학원에 다니는 동안 얼굴 한 번 볼 수 없었다. 이렇게 **양두구육**인 학원은 다니지 않겠어.

예 영희는 겉으로는 친절한 척하고 뒤로는 친구들을 험담하는 **양두구육**의 태도를 갖고 있다.

예 그 회사, 겉만 번지르르하고 매번 적자인 **양두구육**이야.

비슷한 뜻의 고사성어

구밀복검(口蜜腹劍 : 口 입 구, 蜜 꿀 밀, 腹 배 복, 劍 칼 검)

입으로는 달콤한 말을 뱉으나 뱃속에는 칼을 감추고 있다는 뜻으로, 겉으로는 친절하지만 마음속은 음흉한 것을 말합니다.

반대 뜻의 고사성어

언행일치(言行一致 : 言 말씀 언, 行 행동 행, 一 한 일, 致 이를 치)

말과 행동이 하나를 이룬다는 뜻으로, '언행일치'인 사람은 말과 행동이 다른 '구밀복검'인 사람과는 반대라고 할 수 있지요.

⊘ 비슷한 뜻의 속담

겉 다르고 속 다르다.

겉으로 드러나는 행동과 마음속으로 품고 있는 생각이 서로 다른 사람, 마음속으로는 좋지 않게 생각하면서 겉으로는 좋은 것처럼 꾸며서 행동하는 사람을 가리키는 속담이에요.

세 번째 고사성어

유비무환 有備無患

有 있을 유, **備** 갖출 비, **無** 없을 무, **患** 근심 환

우환에 대비해 미리 준비를 해 두면, 나중에 걱정할 일이 없다는 뜻

중요도: ◆◆◆

"이것도 사고 싶고, 저것도 사고 싶어요."

"이거랑 비슷한 옷이 이미 있지 않니?"

"다르단 말이에요."

"유니야, **유비무환**이라는 말이 있듯이 평소에 돈을 아껴야 나중에 급하게 돈이 필요할 때를 대비할 수 있단다. 그러니 꼭 필요한 것만 사자꾸나."

"알겠어요."

고사성어 뜻 이해하기

진나라에는 법을 잘 지키는 사마위강이라는 신하가 있었어요. 사마위강은 자신이 모시는 도공에게 항상 이런 말을 했어요.

"전하, 나라가 편안할 때일수록 위기가 닥쳐올 것을 대비해야 합니다. 위기가 닥칠 것을 대비해 항상 만반의 준비를 하고 있어야 합니다. 미리 준비하고 있으면 걱정할 것이 아무것도 없습니다."

사마위강이 했던 유비무환이라는 말을 깊이 새겨들은 도공은 마침내 천하통일을 이루었지요.

예문 만들기

예 지진이 일어나기 전에 **유비무환**으로 튼튼한 건물을 짓고, 지진에 대비하는 교육을 하는 게 중요하다.

예 시험에 대비하려면 **유비무환** 정신으로 평소에 열심히 공부해야 한다.

예 자전거를 탈 때 사고에 대비해서 반드시 헬멧을 쓰는 것은 **유비무환**의 태도다.

비슷한 뜻의 고사성어

거안사위(居安思危 : 居 살 거, 安 편안 안, 思 생각 사, 危 위태할 위)

평안할 때에도 위험과 곤란이 닥칠 것을 생각하며 잊지 말고 미리 대비해야 한다는 뜻입니다.

반대 뜻의 고사성어

만시지탄(晩時之歎 : 晩 늦을 만, 時 때 시, 之 어조사 지, 歎 탄식할 탄)

시기에 늦었음을 한탄한다는 뜻입니다.

비슷한 뜻의 속담

넘어지기 전에 지팡이 짚는다.

지팡이를 짚으면 중심을 잡는 데 도움이 되어서 잘 넘어지지 않고 다시 일어설 수 있어요. 그것처럼 이 속담은 어떤 일에 실패하거나 화를 입기 전에 미리 준비한다는 것을 비유적으로 이르는 말입니다. 일이 잘못되고 나서야 뒤늦게 손을 쓴다는 뜻의 '소 잃고 외양간 고친다'라는 속담과는 정반대지요?

네 번째 고사성어

사후약방문 死後藥方文

死 죽을 사, **後 뒤** 후, **藥 약** 약, **方 모** 방, **文 글월** 문

이미 때가 지난 후에 대책을 세우거나 후회해도 소용없다는 뜻

중요도: ◆◆

"아이, 엄마! 더 이상 간섭하지 말라고요!"

"주니야, 아빠랑 이야기 좀 하자."

"왜요?"

"**사후약방문**이라는 말이 있어. 나중에 엄마 아빠가 돌아가신 뒤에 더 잘해 드릴걸, 효도할걸, 하고 후회하지 말고 지금 잘하도록 해. 예의 바른 태도로 말하는 것처럼 사소한 행동이 엄마 아빠에겐 효도란다."

고사성어 뜻 이해하기

사람이 죽은 뒤에 약방문을 짓는다는 뜻이에요. 약방문은 지금의 처방전 같은 것으로, 이미 죽은 뒤에 처방전을 내려서 약을 지어 봤자 아무런 소용이 없겠지요. 바로 앞에서 배웠던 유비무환의 태도와는 반대라고 할 수 있습니다.

예문 만들기

예 미세먼지가 많아진 후에야 **사후약방문** 격으로 대처를 하고 있으니, 나아지지 않는다.

예 음식이 다 상하고 나서야 냉장고 정리를 하니 **사후약방문**이다.

예 범죄가 일어난 뒤에야 대처법을 생각하니 **사후약방문**이다.

비슷한 뜻의 고사성어

망양보뢰(亡羊補牢 : 亡 잃을 망, 羊 양 양, 補 보수할 보, 牢 우리 뢰)

양을 잃고 우리를 고친다는 뜻으로 이미 일이 잘못된 후에는 뉘우쳐도 소용없다는 뜻입니다.

반대 뜻의 고사성어

교토삼굴(狡兔三窟 : 狡 교활할 교, 兔 토끼 토, 三 석 삼, 窟 굴 굴)

교활한 토끼는 숨을 수 있는 굴을 세 개 파 놓는다는 뜻으로, 지혜롭게 준비하여 어려운 일을 면한다는 말이에요. 또 앞에서 배웠던 유비무환도 미리 준비한다는 뜻이니, 사후약방문의 반대 고사성어가 되겠죠.

비슷한 뜻의 속담

소 잃고 외양간 고친다.

'외양간'은 말이나 소를 기르는 곳을 말해요. 소를 잃어버리고 외양간을 고쳐 봤자 잃어버린 소가 돌아오지 않는다는 것으로, 미리 대비를 해야 한다는 뜻이지요.

다섯 번째 고사성어

자업자득 自業自得

自 스스로 자, **業** 일 업, **自** 스스로 자, **得** 얻을 득

자신이 저지른 일의 결과를 자신이 감수함

중요도: ◆◆◆

"엄마, 이번에 경시대회 등수가 좋지 않아서 속상해요."

"**자업자득**이지 않겠니? 유니 네가 공부를 안 했잖아."

"그렇긴 해요."

"다음에 열심히 하자."

"네."

고사성어 뜻 이해하기

자기가 저지른 일의 결과는 자기에게 돌아오게 되어 있다는 뜻입니다. 이 표현도 부정적인 뜻으로 쓰입니다. 그러니까 열심히 노력해서 성공했거나 성과를 거두었을 때는 자업자득이라고 하지 않습니다. 반대로 놀고먹다가 실패했을 때와 같은 상황에서는 "자업자득이지. 누구를 원망하겠어?"라고 말합니다. 앞에서 배웠듯이, 유비무환으로 미리 준비하지 않고 사후약방문으로 대처하고 후회한다 해도 전부 자업자득인 거겠죠.

예문 만들기

예 "저런 범죄를 저지르고 감옥에 가는 건 **자업자득**이지!" 뉴스를 보던 아버지께서 말씀하셨다.

예 엄마는 내가 잘못해서 반성문을 쓰는 건 **자업자득**이라고 말씀하셨다.

예 《개미와 베짱이》에서 열심히 일하지 않은 베짱이가 겨울에 굶는 건 **자업자득**이다.

비슷한 뜻의 고사성어

인과응보(因果應報 : 因 원인 인, 果 결과 과, 應 응할 응, 報 갚을 보)

원인과 결과에는 반드시 그에 합당한 이유가 있다는 뜻으로, 불교에서 유래된 용어예요.

비슷한 뜻의 속담

아니 땐 굴뚝에 연기 날까.

'굴뚝'은 불을 땔 때 연기가 빠져나가도록 만든 곳이에요. 우리나라에는 온돌이라는 전통적인 난방 방식이 있어요. 아궁이에 불을 피우면 뜨거워진 공기가 방바닥 밑을 통과하여 방 안을 따뜻하게 하고, 그런 다음 굴뚝을 통해 밖으로 빠져나가요. 그러니까 굴뚝에서 연기가 나온다는 것은 아궁이에 불을 땐다는 것이에요. 이 속담은 아궁이에 불을 땠기 때문에 굴뚝에서 연기가 나오는 것처럼 모든 소문에는 그런 소문이 날 만한 원인이 있다는 뜻이에요.

콩 심은 데 콩 나고 팥 심은 데 팥 난다.

모든 일은 원인에 따라서 그 결과가 좌우된다는 뜻입니다. 콩을 심었는데 팥이 날 리 없고, 팥을 심었는데 콩이 날 리 없겠지요?

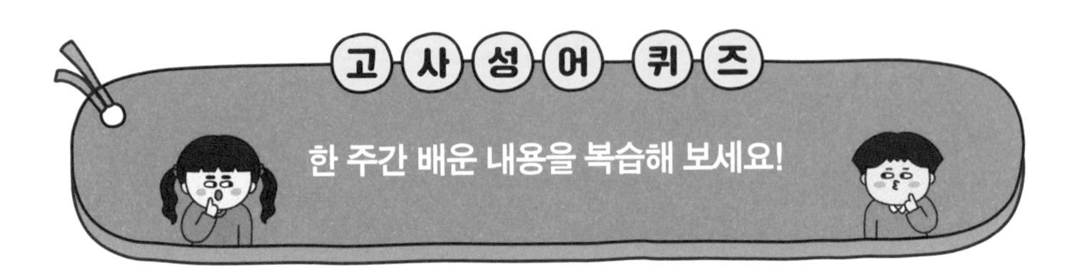

뜻 보고 고사성어 빈칸 채우기

1. [ ][ ] 사위 : 평안할 때에도 위험과 곤란이 닥칠 것을 생각하며 잊지 말고 미리 대비해야 한다.

2. 만시 [ ][ ] : 시기에 늦었음을 한탄한다.

3. 교토 [ ][ ] : 교활한 토끼는 숨을 수 있는 굴을 세 개 파 놓는다. (지혜롭게 준비하여 어려운 일을 면한다는 말.)

4. [ ][ ] 이조 : 한 개의 돌로 두 마리의 새를 맞추어 떨어뜨린다. (한 가지 일을 해서 두 가지 이익을 얻는다는 말.)

5. 인과 [ ][ ] : 원인과 결과에는 반드시 그에 합당한 이유가 있다.

예문과 초성 보고 고사성어 맞히기

1. 그렇게 시험 공부를 안 하더니, ㅈ ㅇ ㅈ ㄷ이구나!

2. ㄱ ㅁ ㅂ ㄱ이라더니 걔가 그런 비밀을 숨기고 있을 줄 누가 알았겠어.

3. 놀러 나가서 놀지도 못하고 물벼락만 맞았으니 ㅇ ㄱ ㅇ ㅅ이 따로 없네.

4. 지진이 일어나기 전에 ㅇ ㅂ ㅁ ㅎ으로 튼튼한 건물을 짓고, 지진 대비 교육을 하는 게 중요하다.

5. ㅁㅇㅂㄹ 안 하도록 평소에 준비를 미리 해 놓으라니까 지금 준비해 봐야 이미 늦었어.

| **빈칸 채우기 정답** | 1. 거안 2. 지탄 3. 삼굴 4. 일석 5. 응보
| **초성 맞히기 정답** | 1. 자업자득 2. 구밀복검 3. 일거양실 4. 유비무환 5. 망양보뢰

2주 차

여섯 번째 고사성어

계란유골 鷄卵有骨

鷄 닭 계, **卵** 알 란, **有** 있을 유, **骨** 뼈 골

계란에도 뼈가 있다는 뜻으로 운이 나쁜 사람은 모처럼
좋은 기회가 있더라도 뜻대로 되는 일이 없다는 뜻

중요도: ◆◆◆

주니는 넘어져서 병원에 갔습니다. 그런데 의사 선생님이 인대가 늘어나서 깁스를 해야 한다고 하셨어요. 내일은 주니가 학교 대표로 축구 대회에 나가는 날인데 말이지요.

"작년에는 팔을 다쳐서 못 나갔는데, 올해는 발을 다쳤네. **계란유골**이란 나를 두고 하는 말인가 봐."

황희 정승은 재상이라는 높은 지위의 자리에 올랐지만 워낙 청렴하여 먹을 것이 없을 정도로 가난하게 살았습니다. 이를 딱하게 여긴 임금이 그를 도와주고자, 하룻밤 동안 남대문으로 들어오는 모든 재물을 그에게 주라고 분부하였습니다. 그런데 마침 그날 큰비가 내려 남대문으로 들어오는 물건이 하나도 없었습니다. 그러다 저녁이 되어서야 계란 한 꾸러미가 들어왔는데, 이것을 받은 황희 정승이 삶아 먹으려고 보니, 계란이 모두 곯아 있었습니다.

계란유골이란 달걀이 곯아서 먹을 수 없다는 뜻이에요. 한자 골(骨)은 뼈를 나타내지만 우리말의 '곯다'와 소리가 비슷하기 때문에 곯았다는 뜻으로 쓴 거지요. 뜻도 조금 통하고요. 이 말을 한자로 옮기니 계란유골이 되었고 이제는 한자의 뜻을 살려 달걀에 뼈가 있다고 말해요. 계란유골은 좋은 기회를 만났지만 이득을 보지 못했을 때 쓰는 말이에요. 불행까지는 아니어도 재수가 없는 상황, 운이 없는 상황을 말합니다.

예문 만들기

예 배가 고파서 냉장고에 하나 남은 빵을 먹으려 했는데, **계란유골**이라더니, 곰팡이가 피어 있었다.

예 가족여행을 갔는데 가는 식당마다 문이 닫혀 있었다. 호텔에 들어가서 룸서비스를 시켰는데 **계란유골**이라고, 오늘은 룸서비스 이용 시간이 끝났다고 했다.

예 우산을 가져오지 않았는데 비가 왔다. 그런데 학교에서 운동화까지 잃어버렸다. **계란유골**이었다.

비슷한 뜻의 고사성어

궁인지사번역파비(窮人之事翻亦破鼻 : 窮 다할 궁, 人 사람 인, 之 어조사 지, 事 일 사, 翻 뒤집을 번, 亦 또 역, 破 깨뜨릴 파, 鼻 코 비)

'재수 없는 놈은 뒤로 자빠져도 코가 깨진다'라는 속담과 같은 의미로, 재수 없는 사람은 하는 일마다 잘 안 된다는 말입니다. 다산 정약용이 편찬한 속담집인 《이담속찬耳談續纂》에 실려 있어요.

⊘ 비슷한 뜻의 속담

도둑을 맞으려면 개도 안 짖는다.

밀가루 장사를 하면 바람이 불고, 소금 장사를 하면 비가 온다.

두 속담 모두 운수가 나쁘면 모든 것이 제대로 되지 않는다는 것을 비유적으로 이르는 말입니다.

일곱 번째 고사성어

언중유골 言中有骨

言 **말씀** 언, **中** **가운데** 중, **有** **있을** 유, **骨** **뼈** 골

말 가운데 뼈가 들어 있음
부드러운 말 속에 분명하고도 핵심적인 뜻이 담겨 있는 것

중요도: ◆◆◆

유니와 후니는 학교 수업이 끝나고 떡볶이를 먹었어요. 유니는 매번 자기가 계산을 했던 터라 이번에는 후니가 사 줬으면 했지요.

"후니야, 공짜 좋아하면 대머리 된다더라."

후니는 유니의 말이 **언중유골**이라는 것을 알고 얼른 지갑을 꺼내 계산했습니다. 만일 유니의 말에 담긴 뜻을 알아듣지 못했다면, 유니와 후니의 우정은 깨졌을지도 모르겠네요.

고사성어 뜻 이해하기

상대방의 잘못이나 단점을 명백하게 지적하지 않고 돌려서 말할 때 이런 표현을 씁니다. 꼭 해야 할 말을 부드러운 말 속에 담아 비유적으로 전하는 것이지요. 그래서 얼핏 들으면 농담 같지만, 잘 생각해 보면 비판적인 뜻이나 진담이 담겨 있을 때 이 표현을 쓰지요. 언중유골의 표현법을 잘 사용하면 상대방의 자존심을 크게 건드리지 않고, 분위기를 나쁘지 않게 하면서도 본인의 뜻을 전달할 수 있습니다. 언중유골과 계란유골이 비슷하게 들려서 뜻을 헷갈려 하는 경우가 많습니다. 앞에서 배웠던 계란유골은 운이 없는 경우를 뜻하는 것이므로 언중유골과는 의미가 다릅니다.

예문 만들기

예 선생님은 유니에게 "유니는 수업 시간에도 참 활발하구나!"라고 말씀하셨다. 유니는 선생님이 하시는 **언중유골**의 말씀을 듣고 조용히 해야겠다고 생각했다.

예 **언중유골**인 말은 잘 생각해서 들어야 한다.

예 엄마는 아빠께 "취미가 많아서 참 좋겠어."라고 말했다. 그랬더니 아빠는 "**언중유골**이네."라고 말했다.

비슷한 뜻의 고사성어

담언미중(談言微中 : 談 말씀 담, 言 말씀 언, 微 작을 미, 中 가운데 중)

모나지 않고 부드럽게 남의 급소를 찔러 말한다는 뜻입니다.

비슷한 뜻의 관용구

말에 가시가 돋다.

하는 말 속에 상대를 공격하는 뜻이나 내용이 들어 있는 것, 공격의 의도나 불평불만이 있는 것을 말합니다. '엄마는 웃으며 말했지만 엄마의 말은 가시가 돋친 말이었다'처럼 쓸 수 있어요.

여덟 번째 고사성어

어부지리 漁夫之利

漁 고기 잡을 어, **夫 남편** 부, **之 어조사** 지, **利 이득** 리

어부의 이익, 둘 사이의 다툼을 틈타 제삼자가 얻는 이익

중요도: ◆◆◆

"오늘 쇼핑하면서 뭐 갖고 싶은 게 있니?"

"아빠, 저 이 지갑이요." 첫째 언니가 말했어요.

"언니, 지갑 있잖아. 아빠, 저 이 옷이요." 둘째 언니가 말했어요.

"그거 비싸잖아. 사지 마!"

"그만 좀 싸워라. 너희들은 왜 이렇게 싸우니? 둘 다 아무것도 사지 마!"

그때 막내인 셋째가 말했어요.

"아빠, 저 자전거가 필요해요."

"그래, 사러 가자."

첫째 언니와 둘째 언니는 서로 멀뚱멀뚱 바라보았습니다.

"재는 **어부지리**잖아."

"우린 괜히 싸웠네."

고사성어 뜻 이해하기

전국 시대 연나라의 대신이던 소대가 이웃 조나라의 혜문왕을 만나 이렇게 이야기합니다.

"제가 이곳에 오는 길에 바닷가를 지나게 되었는데, 그곳에서 입을 열고 있는 조개를 보았습니다. 그때 마침 조개를 본 도요새가 조갯

살을 먹으려 부리를 조개 입속으로 집어넣었습니다. 그러자 조개가 입을 다물어 버렸습니다. 둘이 그렇게 싸우는 모습을 본 어부가 둘을 잡아가 버렸습니다. 연나라와 조나라가 서로 싸우면 이는 옆에 있는 진나라에 이익을 주는 꼴이 되고 말 것입니다."

이후로 어부지리는 도요새와 조개처럼 두 사람이 싸우는 사이에 의도치 않게 다른 사람이 이득을 보는 경우를 일컫는 말이 되었답니다. 앞에서 배운 계란유골은 운이 없는 경우를 말하는데 어부지리는 뜻밖의 이익을 말하니, 반대 경우라고 할 수 있겠네요.

✎ 예문 만들기

예 우리 동네에 있는 식당 중 한 군데는 인테리어 공사로 쉬고 있고, 한 군데는 긴 휴가를 간다고 문을 닫아서, 그 사이에 있는 식당이 **어부지리**로 장사가 잘되고 있다.

예 막강한 두 국회의원 후보가 서로 헐뜯는 바람에 **어부지리**로 다른 후보가 당선되었다.

예 달리기에서 1등이던 선수가 2등이던 선수를 붙잡고 넘어지는 바람에 3등으로 달리던 선수가 **어부지리**로 우승을 차지했다.

비슷한 뜻의 고사성어

견토지쟁(犬兎之爭 : 犬 개 견, 兎 토끼 토, 之 어조사 지, 爭 다툴 쟁)

개와 토끼가 싸우는 틈을 이용해 제삼자가 이익을 얻는다는 말이에요.

반대 뜻의 고사성어

앙급지어(殃及池魚 : 殃 재앙 앙, 及 미칠 급, 池 못 지, 魚 물고기 어)

재앙이 연못의 물고기에 미친다는 뜻으로, 제삼자가 엉뚱하게 재난을 당하는 것을 이르는 말이에요. 성문에 난 불을 끄려고 연못의 물을 전부 퍼 오는 바람에 그 연못의 물고기가 말라죽었다는 이야기에서 유래했습니다. 어부지리는 제삼자가 이익을 보는 경우이지만, 앙급지어는 이유 없이 제삼자가 오히려 재난을 당하는 것을 일컫는 고사성어에요.

비슷한 뜻의 속담

죽 쑤어 개 좋은 일 했다.

애써 한 일이 엉뚱한 사람에게만 좋은 일이 되었을 때 사용하는 속담이에요. 누군가를 위해 죽을 쑤었는데, 그 사람이 먹지 않아서 개에게 죽을 주었다면, 개만 갑자기 좋은 일이 생긴 거죠.

아홉 번째 고사성어

설상가상 雪上加霜

雪 눈 설, **上 위** 상, **加 더할** 가, **霜 서리** 상

눈 위에 또 서리가 내린다는 뜻으로
어려운 일이 겹치는 상황을 이름

중요도: ◆◆◆

유니는 학원에 가는 길에 배가 고파서 맛있는 것을 사 먹으려고 가방에서 지갑을 찾았어요.

"어? 지갑이 어디 있지? 오늘 아침에 분명히 챙긴 것 같은데."

아무리 찾아도 지갑이 없었어요.

"엄마한테 전화해 봐야지."

유니는 핸드폰도 놔두고 왔다는 사실을 알게 됐어요.

"아이고, **설상가상**으로 되는 일이 하나도 없네. 학원 숙제도 두고 왔잖아!"

고사성어 뜻 이해하기

눈만 내려도 추운데 거기에 서리까지 내리면 더 춥겠지요? 설상가상은 어려움이 겹쳐 나타나는 모습을 표현한 것입니다. 계란유골은 운이 없는 경우지만 설상가상은 불행이 계속되는 것을 말합니다. 별로 좋지 않은 경우라는 것은 같지만 뜻은 서로 다르니 유의하세요.

예문 만들기

예 주차 위반 딱지를 받고 기분이 나빠져서 집을 나서는데, **설상가상**으로 교통사고까지 났다.

예 시험 기간인데 **설상가상**으로 감기까지 걸렸다.

예 약속이 깨졌는데 **설상가상**으로 넘어지기까지 했다.

비슷한 고사성어

첩첩산중(疊疊山中 : 疊 겹쳐질 첩, 疊 겹쳐질 첩, 山 메 산, 中 가운데 중)

매우 깊은 산골. 산 넘어 산. 실제로 깊은 산골을 나타낼 때도 쓰고, 어려운 상황이 거듭되는 것을 비유적으로 나타낼 때도 쓰입니다.

반대의 고사성어

금상첨화(錦上添花 : 錦 비단 금, 上 위 상, 添 더할 첨, 花 꽃 화)

이 말은 원래 중국 속담이었는데 문인들이 자주 인용해 시를 지으면서 고사성어로 굳어졌습니다. 비단 위에 수를 놓는다는 뜻이에요. 비단도 좋은데, 그 위에 꽃을 수놓으면 더 좋겠지요? 좋은 일에 좋은 일이 더해지는 것을 이르는 말입니다.

비슷한 뜻의 속담

여우를 피해 가니 호랑이가 나타난다.

힘든 일을 겨우 넘겼더니, 더 힘든 일이 기다리고 있음을 일컫는 말이에요.

열 번째 고사성어

죽마고우 竹馬故友

竹 대나무 죽, **馬 말** 마, **故 옛** 고, **友 벗** 우

대나무로 만든 말을 타고 놀던 옛 벗
어릴 때부터 같이 놀면서 자란 친구를 이르는 말

중요도: ◆◆◆

"이제 게임 좀 그만해!"

"엄마, 승우랑 저는 **죽마고우**예요! 대나무로 만든 말이 없으니 게임기로 노는 거라고요. 우정을 쌓고 있습니다요!"

"이 녀석이 말은 잘하네."

고사성어 뜻 이해하기

옛날에는 지금처럼 아이들이 갖고 놀 만한 장난감이 많지 않아서, 모래나 흙으로 장난을 치거나 산을 돌아다니며 놀았지요. 또 대나무로 말을 만들어 놀기도 했어요. 죽마고우, 즉 대나무로 만든 말을 타고 함께 놀던 친구란 어려서부터 매우 친하게 가까이 지낸 친구를 말해요. 그러니 죽마고우가 설상가상인 일을 당하면 반드시 도와줘야겠지요?

예문 만들기

예 내 **죽마고우**의 소식을 알고 싶어서 나는 여기저기 수소문을 했다.

예 나는 어릴 적에 이사를 많이 다녀서 **죽마고우**가 없다.

예 **죽마고우**의 부탁이라 들어주지 않을 수가 없었다.

비슷한 뜻의 고사성어

간담상조(肝膽相照 : 肝 간 간, 膽 쓸개 담, 相 서로 상, 照 비칠 조)

간과 쓸개를 서로 비추어 본다는 뜻으로, 서로 마음속을 드러내며 나누는 친구를 말합니다.

반대 뜻의 고사성어

견원지간(犬猿之間 : 犬 개 견, 猿 원숭이 원, 之 어조사 지, 間 사이 간)

개와 원숭이의 사이라는 뜻으로 서로 좋지 않은 관계를 이르는 말이에요. 둘도 없는 친구를 뜻하는 위의 고사성어들과는 뜻이 반대겠지요?

비슷한 뜻의 속담

옷은 새 옷이 좋고 사람은 옛 사람이 좋다.

사람은 사귄 지 오래될수록 좋다는 뜻이에요. 죽마고우는 어린 시절의 친구를 의미하는 것이니, 비슷한 뜻이라고 생각해 볼 수 있어요.

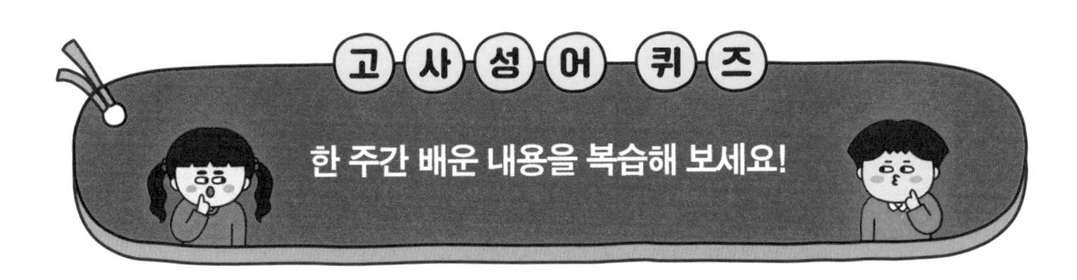

뜻 보고 고사성어 빈칸 채우기

1. [|] **지간** : 개와 원숭이의 사이라는 뜻으로, 서로 좋지 않은 관계를 이르는 말이다.

2. **담언** [|] : 모나지 않고 부드럽게 남의 급소를 찔러 말한다.

3. **어부** [|] : 둘 사이의 다툼을 틈타 제삼자가 이익을 얻는다는 말.

4. [|] **가상** : 눈 위에 또 서리가 내린다는 뜻으로 어려운 일이 겹치는 상황을 이름.

5. **첩첩** [|] : 매우 깊은 산골. 어려운 상황이 거듭되는 것을 비유적으로 나타낼 때도 쓰인다.

예문과 초성 보고 고사성어 맞히기

1. 몇 달 만에 가는 여행인데 비가 오다니 ㄱ ㄹ ㅇ ㄱ이구나.
2. 선생님 말을 잘 새겨들어. ㅇ ㅈ ㅇ ㄱ이라고 그 안에 무슨 깊은 뜻이 있을지 몰라.
3. 재현이랑 동민이가 떠든 덕에 아무것도 안 하고 가만히 있던 내가 칭찬을 받았네. 이게 바로 ㄱ ㅌ ㅈ ㅈ이지!
4. 성적이 잘 나온 덕에 선생님께 칭찬도 받고 엄마가 맛있는 저녁도 해 주셨어. 이제 아빠가 용돈만 주시면 ㄱ ㅅ ㅊ ㅎ겠다.
5. 유진이랑 한빈이는 아주 어릴 때부터 알고 지낸 ㅈ ㅁ ㄱ ㅇ야.

| **빈칸 채우기 정답** | 1. 견원 2. 미중 3. 지리 4. 설상 5. 산중

| **초성 맞히기 정답** | 1.계란유골 2. 언중유골 3. 견토지쟁 4. 금상첨화 5. 죽마고우

3주 차

열한 번째 고사성어

유유상종 類類相從

類 무리 류, 類 무리 류, 相 서로 상, 從 좇을 종

같은 무리끼리 서로 따르고 좇음
같은 성격이나 성품을 가진 무리끼리 모이고 사귀는 모습

중요도: ◆◆◆

"주니야. 그 친구와 놀지 않으면 안 되겠니? **유유상종**이라고, 네가 그런 아이랑 어울리면 너도 그 정도밖에 안 되는 거야."

주니 엄마가 주니에게 말했어요.

"엄마, 겉만 보고 판단하지 마세요. 영철이는 정말 좋은 친구예요."

"영철이 아빠가 하는 일이 좋은 일이 아니니까 그렇지."

"영철이와 영철이 아빠는 달라요."

주니는 대들 듯이 엄마께 말했어요.

고사성어 뜻 이해하기

옛날, 중국에서 여러 나라가 뒤섞여 끊임없이 전쟁하던 시대인 춘추 전국 시대 때의 일입니다. 제나라의 선왕은 순우곤에게 각 지방에 흩어져 있는 인재를 찾아 등용하도록 했습니다. 며칠 뒤에 순우곤이 일곱 명의 인재를 데리고 왕 앞에 나타나자 선왕이 이렇게 말했습니다. "귀한 인재를 한 번에 일곱 명씩이나 데려오다니, 너무 많지 않은가?" 그러자 순우곤은 자신만만한 표정으로, "같은 종의 새가 무리 지어 살듯, 인재도 끼리끼리 모입니다. 그러므로 신이 인재를 모으는 것은 강에서 물을 구하는 것과 같습니다."라고 답하였습니다.

오늘날 유유상종은 인재가 모여 있다는 의미보다는 끼리끼리 어울린다고 비꼬는 말로도 많이 쓰입니다. 죽마고우들을 보면 유유상종인 경우가 많아요. 비슷한 성향끼리 친하게 지내는 법이지요.

◎ 예문 만들기

예 **유유상종**이라더니, 친구를 보면 그 사람 인성이 보인다고!

예 **유유상종**이라고 했는데 주니가 그런 예의 없고 자기 잘난 맛에 사는 애를 사귀는 이유를 모르겠어.

예 이렇게 친구끼리 함께 착한 일을 하다니, 정말 **유유상종**이구나.

◎ 비슷한 뜻의 고사성어

초록동색(草綠同色 : 草 풀 초, 綠 푸를 록, 同 한가지 동, 色 빛 색)

풀빛과 녹색은 같은 색이라는 뜻이에요. 풀이 초록빛이란 건 누구나 아는 사실이죠. 그래서 이 표현은 같은 무리끼리 어울린다는 의미를 갖기도 하고, 이름은 다르지만 따지고 보면 한가지, 또는 같은 무리라는 뜻도 가지고 있습니다.

◎ 반대 뜻의 고사성어

빙탄불상용(氷炭不相容 : 氷 얼음 빙, 炭 숯 탄, 不 아닐 불, 相 서로 상, 容 용납할 용)

얼음과 숯의 성질이 정반대여서 서로 용납하지 못한다는 뜻으로, 서로 다른 사물이나 사람이 서로 화합하기 어려움을 이르는 말입니다.

⊘ 비슷한 뜻의 속담

가재는 게 편이다.

가재와 게는 비슷한 점이 많습니다. 둘 다 딱딱한 등딱지와 집게발이 있지요. 친구는 닮는다고 하지요? 이 말은 모습이나 상황이 비슷한 친구끼리 서로 돕거나 편을 들어 줄 때 씁니다.

열두 번째 고사성어

우이독경 牛耳讀經

牛 소 우, 耳 귀 이, 讀 읽을 독, 經 경전 경

소귀에 경 읽기라는 뜻으로
아무리 가르치고 일러 주어도 알아듣지 못함을 이르는 말

중요도: ◆◆◆

"주니야, 엄마가 빨래는 빨래통에 넣으라고 했어, 안 했어?"

주니는 텔레비전을 보느라 정신이 없었어요.

"**우이독경**이구나!"

엄마는 화가 나서 텔레비전 코드를 확 뽑아 버리셨어요.

고사성어 뜻 이해하기

'경'은 경전을 의미한다는 말이 있고, 유학의 가르침을 담은 '경서'를 의미한다는 말도 있습니다. 어느 것이든 무척이나 어려운 내용이죠. 사람이 들어도 의미를 알기 어려운 '경'을 소귀에다가 대고 읽어준다면 소가 알아들을 리 없겠지요? 그래서 아무리 얘기해도 알아듣지 못할 때 '소귀에 경 읽기', 우이독경이라고 한답니다.

예문 만들기

예 왜 매번 숙제를 안 해오니? 정말 **우이독경**이구나.

예 나는 동생에게 내 물건을 쓰면 제자리에 두라고 몇 번이나 말했지만 동생은 아무 데나 두었다. **우이독경**이었다.

예 충신은 임금에게 전쟁을 대비해야 한다고 말했지만 **우이독경**이었다.

◎ 비슷한 뜻의 고사성어

대우탄금(對牛彈琴 : 對 대할 대, 牛 소 우, 彈 퉁길 탄, 琴 거문고 금)

소를 마주 보고 거문고를 연주한다는 뜻으로, 중국에서 한 선비가 하루는 소를 보고 소가 하는 일에 고마움을 느껴 거문고를 켜 주었다고 해요. 그런데 소는 거들떠보지도 않고 풀만 뜯고 있었답니다. 즉 해 봤자 소용없는 짓을 두고 하는 말입니다.

마이동풍(馬耳東風 : 馬 말 마, 耳 귀 이, 東 동녘 동, 風 바람 풍)

동풍은 봄바람입니다. 봄바람은 따스하니까 말의 귀를 스쳐 불어도 말은 꿈쩍도 하지 않습니다. 하지만 매서운 북풍이 분다면 사정이 달라지겠죠. 누가 무슨 말을 해도 조금도 들을 생각도 하지 않을 때 이 말을 씁니다. 남의 의견이나 충고를 귀담아듣지 않고 흘려버리는 것을 비유하는 말이랍니다.

◎ 비슷한 뜻의 속담

소귀에 경 읽기

우이독경과 완전히 같은 뜻이에요.

어느 집 개가 짖느냐 한다.

개 짖는 소리처럼 여기고 듣지 않음을 일컫는 속담이에요.

열세 번째 고사성어

불치하문 不恥下問

不 아닐 불, 恥 부끄러울 치, 下 아래 하, 問 물을 문

자신보다 못한 사람에게 묻는 것을 부끄럽게 여기지 않는다는 뜻

중요도: ◆

"짝꿍! 나 이 문제 답 좀 알려줘."

"넌 맨날 내 것 보고 베끼는 것 창피하지도 않니?"

"불치하문이라는 말도 모르니? 난 모르는 것을 물어보는 것을 부끄러워하지 않는 사람이야. 훌륭한 사람이지."

"남의 답을 보고 베끼는 게 **불치하문**이냐?"

고사성어 뜻 이해하기

위나라의 공어는 죽은 뒤에 공문자라고 불렸어요. 자공은 스승인 공자에게 공어를 왜 공문자라고 부르는지 물었어요. 공자는 "공문자는 배우는 것을 좋아해서 모르는 것이 있으면 아랫사람에게도 묻는 것을 부끄러워하지 않았다. 그 때문에 시호를 문(問 물을 문)이라고 한 것이다."라고 대답했어요. 또, "학문을 하는 사람은 공문자처럼 모르는 것이 생기면 그 누구에게라도 물어야 발전이 있다."라고 충고했어요. 공자의 이 대답에서 불치하문이라는 고사성어가 유래되었습니다. 모르는 게 있으면 자신보다 못한 사람에게까지 물어보는 불치하문의 태도는 아무리 말해도 듣지 않는 우이독경과는 아주 다른 태도라고 할 수 있겠죠.

◎ 예문 만들기

예 "동생 좀 보고 배워라. 언니가 되어서 부끄럽지도 않니?"
"엄마, **불치하문**이라고 했어요. 동생을 보고 배우는 것은 부끄러운 게 아니에요."

예 다른 사람에게 물어보는 것을 부끄러워하지 않아야 한다. **불치하문**이라는 말도 있지 않은가?

예 나는 **불치하문**이라는 말에 용기를 얻고 꼬마에게 길을 물었다.

◎ 비슷한 뜻의 고사성어

삼인행필유아사(三人行必有我師 : 三 석 삼, 人 사람 인, 行 갈 행, 必 반드시 필, 有 있을 유, 我 나 아, 師 스승 사)

세 사람이 같이 가면 그중에 반드시 나의 스승이 있다는 뜻으로, 사람은 어디에서도 배울 점을 찾을 수 있다는 말입니다.

◎ 반대 뜻의 고사성어

안하무인(眼下無人 : 眼 눈 안, 下 아래 하, 無 없을 무, 人 사람 인)

눈 아래에 사람이 없다는 말로, 방자하고 교만하여 다른 사람을 업신여긴다는 뜻이에요.

⊘ 비슷한 뜻의 속담

배움에는 나이가 없다.

여든 노인도 세 살 먹은 아이에게 배울 것이 있다.

세 살 먹은 아이 말도 귀담아들으라고 했다.

모두 아무리 나이가 들어도 배움이 중요하다는 이야기를 담은 속담입니다.

열네 번째 고사성어

수주대토 守株待兎

守 지킬 수, 株 그루터기 주, 待 기다릴 대, 兎 토끼 토

나무를 지키며 토끼가 와서 부딪혀 죽기를 기다림
즉 터무니없는 이익을 기다리는 우둔함을 말함

중요도: ◆◆◆

"주니야, 공부를 열심히 해야 나중에 네가 하고 싶은 일을 할 때, 선택권이 많아질 수 있단다."

"엄마, 걱정 마세요. 전 아직 열두 살밖에 안 됐잖아요. 오늘부터 로또 복권을 긁으면 삼십 년 안에는 당첨되겠죠."

"주니야. 그런 걸 **수주대토**라고 하는 거야. 운에 너의 인생을 맡기고 싶니?"

고사성어 뜻 이해하기

중국 송나라에 한 농부가 있었어요. 하루는 농부가 밭을 갈고 있는데 토끼 한 마리가 달려가다가 밭 한가운데 있는 나무 그루터기에 머리를 들이받고 목이 부러져 죽었어요. 그를 본 농부는 밭 갈던 쟁기를 던져 버리고 토끼가 또 그렇게 달려와서 죽기를 기다리며, 그루터기만 지켜보고 있었어요. 그러나 그런 일은 다시 일어나지 않았고, 결국 농부는 농사를 망치고 말았어요. 즉 수주대토는 한 가지 일에 얽매여 발전하지 못하는 어리석은 사람을 이르는 말이에요. 이는 곧 낡은 관습만을 고집하여 지키고, 새로운 시대에 순응하지 못하는 것을 가리킵니다. 다른 사람들의 조언을 우이독경으로 넘기면 어리석게 수주대토할 수도 있겠지요.

예문 만들기

예 돈을 줍는답시고 바닥만 보고 다니는 네 태도는 **수주대토**랑 다를 없구나.

예 누워서 사과 떨어지기만 기다리다니, **수주대토**로구나.

예 씨를 심고 물을 주지 않으니 열매가 열리지 않았다. **수주대토**다.

비슷한 뜻의 고사성어

각주구검(刻舟求劍 : 刻 새길 각, 舟 배 주, 求 구할 구, 劍 칼 검)

배에 표시를 하고 칼을 찾는다는 말입니다. 어떤 사람이 배를 타고 가다가 강 한가운데에서 물속에 칼을 빠뜨렸습니다. 그는 얼른 칼이 떨어진 지점에서 배에 표시를 해 두었어요. 잠시 후 배가 나루로 돌아오자 그는 배에 표시해 둔 곳 밑으로 잠수해서 칼을 찾았지만 칼을 찾을 수 없었어요. 당연하지요. 칼은 강물 속에 떨어졌고, 배는 움직이니까요. 이 말은 변화를 헤아릴 줄 모르는 고지식한 사람의 어리석은 행동을 가리키는 것으로, 수주대토와 비슷한 뜻이에요.

반대 뜻의 고사성어

온고지신(溫故知新 : 溫 익힐 온, 故 옛 고, 知 알 지, 新 새 신)

옛것을 익히고 새것을 안다는 뜻입니다. 낡은 관습만 고집하는 수주대토와는 반대의 태도죠.

비슷한 뜻의 속담

감나무 밑에 누워 감 떨어지길 기다린다.

힘들여 일하기보다는 뜻밖의 행운을 바라는 사람들의 어리석음을 꾸짖는 속담입니다.

열다섯 번째 고사성어

숙맥불변 菽麥不辨

菽 콩 숙, **菽 보리** 맥, **不 아닐** 불, **辨 분별할** 변

콩과 보리를 구분하지 못할 만큼 어리석음

중요도: ◆◆◆

"너 《홍길동전》에 나오는 홍길동 같아. 동에 번쩍! 서에 번쩍!"

"홍길동? 생전 처음 들어 보는 사람 이름인데, 네 친척이야?"

"친척? 홍길동도 모른단 말이야?"

"모를 수도 있지."

"**숙맥불변**이 따로 없네."

"사람 이름 모른다고 숙맥불변이냐. 내가 세상 사람 이름을 다 알아야 하는 건 아니잖아."

"그냥 사람 이름이 아니니까 그렇지!"

고사성어 뜻 이해하기

춘추 시대, 진나라 왕족인 주자에게는 형이 있었어요. 주자의 형은 바보였지만 주자는 형을 왕으로 앉히려고 최선을 다했어요. 어느 날, 주자는 형을 앉혀 놓고 바닥에 콩과 보리를 주르륵 쏟았어요.

"형님, 잘 보십시오. 이렇게 크고 둥글둥글한 게 콩입니다."

주자는 콩을 들고 자세히 설명했어요. 그런데 형은 고개를 갸우뚱거렸어요.

"아니, 그건 보리 아닌가?"

주자는 답답해서 속으로 가슴을 쳤지만 형에게 화를 낼 수는 없었어요. 이번에는 보리를 들고 천천히, 부드럽게 말했어요.

"형님, 이게 보리입니다. 보세요, 콩보다 작고 생긴 것도 납작하죠."

주자는 몇 번이나 되풀이해서 콩과 보리를 설명했어요.

"음, 이제 알았어. 둥글고 큰 것이 콩이고 약간 납작하고 작은 것이 보리지?"

"예, 맞습니다."

다음 날, 주자는 형에게 창고에서 콩을 좀 꺼내다 달라고 부탁했어요. 착한 형은 얼른 창고로 들어가 곡식 부대를 가져왔지만, 그것은 콩이 아니라 보리였어요.

여기에서 '콩과 보리'를 한자로 하면 숙맥이에요. 즉 주자의 형처럼 콩과 보리도 구분하지 못할 정도로 어리석고 못난 사람을 가리켜 숙맥불변이라고 합니다. 요즘에는 숫기 없는 사람을 가리켜 숙맥이라 부를 때도 있지요. 바로 앞에서 배운 수주대토와 숙맥불변, 둘 다 어리석은 사람을 가리키는 말입니다.

예문 만들기

예 **숙맥불변**이라더니 넌 어떻게 이것도 모르니?

예 나는 친구에게 수학 문제를 몇 번이나 설명했지만 **숙맥불변**인 친구는 이해하지 못했다.

예 그 친구는 통 세상 물정을 모르는 **숙맥**이야.

⊘ 비슷한 뜻의 고사성어

목불식정(目不識丁 : 目 눈 목, 不 아닐 불, 識 알 식, 丁 고무래 정)

아주 간단한 글자인 '丁 고무래 정' 자를 보고도 그것이 '고무래'인 줄 모른다는 뜻으로, 아주 무식한 사람을 두고 하는 말이에요.

⊘ 비슷한 뜻의 속담

낫 놓고 기역 자도 모른다.

낫의 모양이 'ㄱ' 자를 닮은 데서 나온 말이에요. 낫을 보고도 'ㄱ' 자를 모를 만큼 아는 것이 없다는 것을 빗대어 하는 말이에요.

뜻 보고 고사성어 빈칸 채우기

1. [|] 하문 : 자신보다 못한 사람에게 묻는 것을 부끄럽게 여기지 않는다는 말.

2. [|] 탄금 : 소를 마주 보고 거문고를 연주한다는 뜻으로 해 봤다 소용없는 짓을 두고 하는 말.

3. 안하 [|] : 눈 아래에 사람이 없다는 뜻으로 방자하고 교만하여 다른 이를 업신여긴다는 뜻.

4. [|] 구검 : 배에 표시를 하고 칼을 찾는다는 뜻으로 변화를 헤아릴 줄 모르는 고지식하고 어리석은 행동을 뜻함.

5. 온고 [|] : 옛것을 익히고 새것을 안다는 뜻.

예문과 초성 보고 고사성어 맞히기

1. 아무리 ㅅ ㅁ ㅂ ㅂ이라도 이건 알아야지.

2. 너희는 그렇게 성격이 안 맞으니 ㅂ ㅌ ㅂ ㅅ ㅇ이 따로 없구나!

3. 동현이는 완전히 ㅁ ㅇ ㄷ ㅍ이야. 지금도 우리가 하는 말이라곤 전혀 안 듣고 있잖아.

4. 재윤아, 그냥 놔둬. 아무리 좋은 말이라도 들을 준비가 안 되면 다 ㅇ ㅇ ㄷ ㄱ이지 뭐

5. ㅊ ㄹ ㄷ ㅅ이라는 말이 딱 맞네. 진형이는 좀 다른 줄 알았는데 승범이랑 똑같은 애였어!

| 빈칸 채우기 정답 | 1. 불치 2. 대우 3. 무인 4. 각주 5. 지신

| 초성 맞히기 정답 | 1. 숙맥불변 2. 빙탄불상용 3. 마이동풍 4. 우이독경 5. 초록동색

4주 차

열여섯 번째 고사성어

무용지용 無用之用

無 없을 무, **用** 쓸 용, **之** 어조사 지, **用** 쓸 용

언뜻 보기에 쓸모없어 보이는 것이 오히려 참으로 쓸모 있음

중요도: ◆

"나는 강아지 똥이야. 쓸모없는 똥일 뿐이지."

"짹짹. 너는 더러운 똥이야." 참새가 강아지 똥에게 말했어요.

"아, 냄새나. 왜 하필 내 위에 냄새나는 똥이 있는 거야?" 흙도 강아지 똥에게 말했어요.

강아지 똥은 슬퍼서 눈물을 흘렸지요. 그러던 어느 날이었어요.

"안녕, 강아지 똥아. 난 민들레야. 내가 꽃을 피우려면 거름이 필요해. 내 거름이 되어 줄 수 있니?"

강아지 똥은 몸을 부수어 민들레의 거름이 되어 주었고, 예쁘고 노란 꽃이 피었어요.

"**무용지용**이라더니 내가 이렇게 값진 일을 할 수 있을 줄이야." 강아지 똥은 행복했답니다.

고사성어 뜻 이해하기

장자가 산속을 지나다가 가지와 잎이 매우 무성한 큰 나무를 보았어요. 그런데 그 곁에 있던 나무꾼은 그 나무를 베려 하지 않았어요. 그 까닭을 물으니 나무꾼이 대답했어요. "이 나무는 결이 안 좋아 쓸모가 없습니다." 그러자 장자가 말했습니다. "이 나무는 쓸모없기 때문에 하늘이 내린 수명을 누릴 수가 있구나. 좋은 재목이었다면 벌써

베였을 텐데." 사람도 마찬가지입니다. 세상은 뛰어난 사람만 쓸모 있고, 그렇지 않은 사람은 쓸모없다고 여기지만 절대 그렇지 않습니다. 쓸모 있다고 여기는 재능 때문에 자신을 망칠 수도 있고 반대로 쓸모가 없어서 자신을 지킬 수도 있습니다. 지금 당장은 능력이 없는 듯 보여도 언젠가 때를 만나면 생각지도 못하게 무용지용의 쓸모가 있을 수도 있고요.

예문 만들기

예 운동을 못한다고, 공부를 못한다고 친구를 무시하지 않아야 한다. **무용지용**이라는 말처럼 사람은 언제 꼭 필요한 존재가 될지 모른다.

예 **무용지용**이라고, 서랍 속에 오랫동안 방치하고 있던 클립이 유용하게 쓰였다.

예 **무용지용**이라고, 이 책을 냄비 받침으로 이렇게 잘 쓸 줄이야.

비슷한 뜻의 고사성어

노마지지(老馬之智 : 老 늙을 노, 馬 말 마, 之 어조사 지, 智 지혜 지)

늙은 말의 지혜라는 뜻으로, 하찮은 사람도 각자 그 나름의 장기나 슬기를 하나쯤은 가지고 있다는 의미입니다.

⊘ 반대 뜻의 고사성어

무용지물(無用之物 : 無 없을 무, 用 쓸 용, 之 어조사 지, 物 만물 물)

쓸모없는 물건. '무용지용'과는 단 한 글자 차이이지만 뜻은 완전히 반대로, 아무 곳에도 쓸모가 없는 물건을 가리키는 표현입니다.

⊘ 비슷한 뜻의 속담

굼벵이도 구르는 재주가 있다.

느릿느릿 동작이 굼뜬 굼벵이도 데굴데굴 구르는 재주가 있어요. 아무리 별 볼 일 없어 보이는 사람도 재주 하나는 있기 마련이라는 뜻이지요.

열일곱 번째 고사성어

과유불급 過猶不及

過 지나칠 과, 猶 오히려 유, 不 아닐 불, 及 미칠 급

정도를 지나친 것은 미치지 못한 것과 같다는 뜻으로
지나치거나 모자라지 않고 한쪽으로 치우치지 않는 상태가 중요하다는 말

중요도: ◆◆◆

"오늘 내 패션 어때?"

유니 엄마가 유니 아빠한테 물었어요.

"**과유불급**인 것 같아. 머리에도 화려한 머리핀에, 반짝거리는 원피스, 번쩍거리는 가방, 구두까지, 너무 산만한 패션이야. 자고로 옷을 잘 입는 사람은 포인트를 몇 군데에만 주기 마련이지."

"뭐야?"

"아니 왜 화를 내는 거야? 나한테 패션을 평가해 달라고 한 거 아니었어? 무조건 칭찬받고 싶은 거였어?"

오늘도 유니의 엄마, 아빠는 티격태격 사랑싸움인지 말다툼인지 모를 대화를 나누시네요.

고사성어 뜻 이해하기

공자의 제자인 자공은 스승인 공자에게 자장과 자하 중에 누가 더 현명한지를 물었어요. "자장은 너무 활달해서 지나친 데가 있고, 자하는 너무 신중해서 그에 미치지 못한다." 자공은 공자의 대답을 듣고, "그러면 자장이 더 낫단 말씀입니까?" 하고 다시 물었어요. 그러자 공자는 "지나친 것은 미치지 못한 것과 같다."라고 했지요.

과유불급은 지나치거나 모자라지 않고 한쪽으로 치우치지도 않는

중용(中庸)을 강조한 말이라고 할 수 있습니다.

예문 만들기

예 다이어트도 적당히 해야지, **과유불급**이라잖니. 오히려 몸이 상할 수도 있어.

예 엄마께서 해 준 음식을 너무 많이 먹어서 배탈이 났다. **과유불급**이다.

예 **과유불급**이라더니, 친구가 지나치게 친절하게 대해서 부담스럽다.

비슷한 뜻의 고사성어

욕속부달(欲速不達 : 欲 하고자 할 욕, 速 빠를 속, 不 아닐 부, 達 미칠 달)

빨리 하려고 욕심을 내면 오히려 미치지 못한다는 뜻으로, 과하게 지나치면 안 된다는 뜻이니 과유불급과 비슷하다고 할 수 있어요.

반대 뜻의 고사성어

다다익변(多多益辯 : 多 많을 다, 多 많을 다, 益 더할 익, 辯 판별할 변)

많으면 많을수록 더 좋다는 의미로, 다다익선과 같은 말입니다.

⊘ 비슷한 뜻의 속담

사공이 많으면 배가 산으로 간다.

'사공'은 뱃사공의 줄임말로, 배를 부리는 사람이에요. 옛날에는 작은 배에 배를 부리는 뱃사공이 한 명씩 있었어요. 사공은 배의 주인으로, 노도 젓고 선장 역할도 했지요. 그런데 배 한 척에 사공이 여러 명 타고 있으면, 서로 자기가 원하는 곳으로 배를 몰고 가려고 하다가 배는 방향을 잡지 못하고 엉뚱한 곳으로 가게 된다는 뜻이에요.

열여덟 번째 고사성어

적반하장 賊反荷杖

賊 도둑 적, **反 되돌릴** 반, **荷 멜** 하, **杖 몽둥이** 장

도둑이 되레 매를 든다는 뜻으로
잘못한 사람이 아무 잘못도 없는 사람을 나무라는 경우를 이르는 말

중요도: ◆◆◆

유니는 길을 걸어가다가 앞에 가던 아주머니가 지갑을 떨어뜨리는 것을 보고 아주머니를 불러 돌려 드렸다.

"아이고, 큰일 날 뻔했네."

아주머니는 지갑을 열어 보더니 이렇게 말했다.

"어? 여기 안에 들어 있던 현금이 어디 갔지? 네가 돈 뺐니?"

"지금 무슨 소리를 하시는 거예요? 잃어버린 지갑을 찾아 드렸더니 절 도둑으로 모신다구요? 이런 걸 **적반하장**이라고 하는군요."

고사성어 뜻 이해하기

집에 도둑이 들었는데 그 도둑을 잡으려고 하니까 도리어 몽둥이를 드는 거예요. 얼마나 황당할까요? 친구가 약속을 지키지 않아서 화를 냈더니 친구가 그것도 이해를 못 해 주느냐고 따지는 거예요. 얼마나 황당할까요? 이럴 때 씁니다. "적반하장도 유분수지!"

예문 만들기

예 친구가 나를 놀려서 나도 같이 놀렸더니 선생님께 가서 일렀다. 자기가 먼저 놀려 놓고서, **적반하장**이 따로 없다.

예 동생이 내 핸드폰을 숨겨서 고장이 났는데, **적반하장**으로 자기만 빼고 놀아서 그랬다면서 소리를 질렀다.

예 짜장면에서 벌레가 나와서 항의했더니 중국집 주인은 **적반하장**으로 당신 때문에 손님들이 나갔다고 따졌다.

비슷한 뜻의 고사성어

주객전도(主客顚倒 : 主 주인 주, 客 손님 객, 顚 넘어질 전, 倒 거꾸로 도)

주인과 손님이 뒤바뀌었다는 뜻으로, 더 중요한 것과 덜 중요한 것의 순서, 급한 일과 급하지 않은 것의 차례가 바뀐 경우를 말합니다. 주인이 손님처럼 행동하고 손님은 주인과 같이 행동하는 것처럼 입장이 서로 뒤바뀐 경우를 가리키기도 합니다.

반대 뜻의 고사성어

각골난망(刻骨難忘 : 刻 새길 각, 骨 뼈 골, 難 어려울 난, 忘 잊을 망)

은혜를 입은 고마움이 뼈에 깊이 새겨져 잊히지 않는다는 것을 말합니다. 은혜를 모르는 적반하장과는 반대의 의미겠지요.

비슷한 뜻의 속담

방귀 뀐 놈이 성낸다.

잘못은 자기가 해 놓고, 오히려 남에게 화내는 것을 이를 때 쓰는 말이에요. 비슷한 말로 '똥 싸고 성낸다'라는 속담도 있답니다.

열아홉 번째 고사성어

주객전도 主客顚倒

主 주인 주, 客 손님 객, 顚 넘어질 전, 倒 거꾸로 도

주인은 손님처럼, 손님은 주인처럼 행동을 바꾼다는 것으로
서로의 입장이 뒤바뀐 것

중요도: ◆◆◆

유니는 주니를 집에 초대했어요. 지난번에는 주니가 유니를 집에 초대해서 재미있게 놀았기 때문이에요.

"주니야, 나 라면 좀 끓여 줘."

"유니야, 여기 너희 집인데? 네가 날 초대했잖아."

"난 라면 못 끓여. 내가 장소를 제공해 줬으니까 네가 라면 정도는 끓여 줄 수 있잖아."

"**주객전도**가 딱 이럴 때 쓰는 말이군."

고사성어 뜻 이해하기

앞에서 배운 적반하장과도 조금은 의미가 비슷하게 겹치는 부분이 있지요. 중요한 것과 중요하지 않은 것의 우선순위가 뒤바뀌거나 입장이 뒤바뀔 때 주객전도라고 할 수 있어요.

예문 만들기

예 후식값이 밥값보다 비싸다니, **주객전도** 아니야?

예 내가 돈 내고 밥을 사 먹는데 주인 눈치를 봐야 한다니, **주객전도**야.

예 고깃집에 고기를 먹으러 오는 게 아니라 후식 냉면을 먹으러 오니 **주객전도**가 아니겠어?

⊘ 비슷한 뜻의 고사성어

본말전도(本末顚倒 : 本 근본 본, 末 끝 말, 顚 넘어질 전, 倒 거꾸로 도)

일의 처음과 나중이 뒤바뀐다, 일의 근본 줄기는 잊고 사소한 부분에만 사로잡힌다는 뜻이에요.

⊘ 비슷한 뜻의 속담

배보다 배꼽이 크다.

배보다 큰 배꼽이 있을까요? 이 속담은 주된 것보다 그에 딸린 것이 더 크거나 많은 상황일 때 씁니다. 당연히 작아야 할 것이 더 크거나, 적어야 할 것이 더 많다는 것을 비유적으로 표현한 것이지요.

스무 번째 고사성어

화중지병 畵中之餠

畵 그림 화, **中 가운데** 중, **之 어조사** 지, **餠 떡** 병

그림 속의 떡이란 뜻으로
마음에는 있으나 차지하거나 사용할 수 없는 것을 가리키는 말

중요도: ◆◆◆

성냥팔이 소녀는 크리스마스 파티를 하고 있는 가족들의 모습을 창문으로 바라보았어요. 따뜻한 방 안, 테이블 위에는 맛있는 음식들이 가득했고, 사람들 얼굴에는 웃음꽃이 가득 피었지요. 소녀에게 창문 너머의 음식들은 **화중지병**이었어요.

"아, 배고파. 추워."

소녀는 너무 추워서 성냥을 켰어요. 큰 난로가 나왔어요.

"아, 따뜻해."

성냥은 금방 다 타서 꺼져 버렸어요. 두 번째 성냥을 켰어요. 식탁 위에 잘 차려진 음식들이 나타났어요.

"아, 맛있겠다."

슬프게도 역시 **화중지병**이었어요.

고사성어 뜻 이해하기

병(餠)은 우리말로 떡을 뜻합니다. 그림 속에 아무리 맛있는 떡이 그려져 있더라도 먹을 수 없지요. 아무리 마음에 들어도 이용할 수 없거나 차지할 수 없을 때 쓰는 말이에요.

예문 만들기

예 우리 가족에게 해외여행은 **화중지병**이다.

예 어린이날 선물로 비싼 레고 세트를 받고 싶었지만 형편이 어려워 **화중지병**이었다.

예 짝꿍이 초콜릿이 한 개밖에 없다며 혼자 먹었다. 내게는 **화중지병**이었다.

비슷한 뜻의 고사성어

경중미인(鏡中美人 : 鏡 거울 경, 中 가운데 중, 美 아름다울 미, 人 사람 인)

거울에 비친 미인이라는 뜻으로, 실속 없는 일을 비유적으로 이르는 말이에요.

비슷한 뜻의 속담

그림의 떡

화중지병과 똑같은 뜻의 우리말 속담입니다.

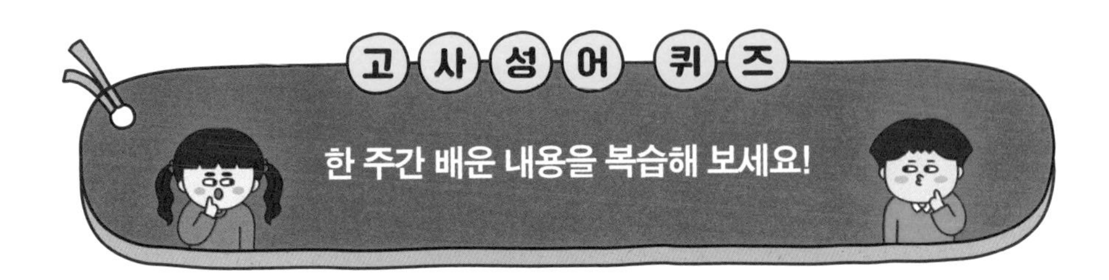

뜻 보고 고사성어 빈칸 채우기

1. [|] **난망** : 은혜를 입은 고마움이 뼈에 깊이 새겨져 잊히지 않는다는 것.

2. **본말** [|] : 일의 처음과 나중이 뒤바뀐다, 일의 근본 줄기는 잊고 사소한 부분에만 사로잡힌다는 뜻.

3. [|] **지용** : 아무 쓸모도 없는 것처럼 보이는 것이 오히려 참으로 쓸모 있음.

4. **경중** [|] : 거울에 비친 미인이라는 뜻으로, 실속 없는 일을 비유로 이르는 말.

5. [|] **하장** : 도둑이 되레 매를 든다는 뜻으로 잘못한 사람이 도리어 잘한 사람을 나무라는 경우를 이르는 말.

예문과 초성 보고 고사성어 맞히기

1. ㄱ ㅇ ㅂ ㄱ이라고 적당히 할 줄도 알아야 해.

2. 재현이가 준 젤리 유통기한이 지나도 한참 지났잖아. 순 ㅁ ㅇ ㅈ ㅁ이 따로 없네.

3. 주현이, 동현이, 민지, 성호까지 다 내 친구다. 옛말에 친구는 ㄷ ㄷ ㅇ ㅂ이라고 했다.

4. 나도 케이크 좋아하는데 예담이가 단 한 입도 안 주니 ㅎ ㅈ ㅈ ㅂ이구나.

5. 상혁이는 밥보다 디저트를 더 많이 먹으려고 하니 이게 무슨 ㅈ ㄱ ㅈ ㄷ람?

| 빈칸 채우기 정답 | 1. 각골 2. 전도 3. 무용 4. 미인 5. 적반

| 초성 맞히기 정답 | 1. 과유불급 2. 무용지물 3. 다다익변 4. 화중지병 5. 주객전도

5주 차

스물한 번째 고사성어

백문불여일견 百聞不如一見

百 일백 백, **聞** 들을 문, **不** 아닐 불, **如** 같을 여, **一** 한 일, **見** 볼 견

백 번 듣는 것이 한 번 보는 것보다 못하다는 뜻

중요도: ◆◆◆

"엄마! 오늘 학교에서 그림을 그렸는데 제 생각에 정말 잘 그린 것 같아요."

"그래? 어떤 걸 그렸는데?"

"주말에 했던 일을 그렸는데요, **백문불여일견**이라고, 동물원에 갔다 와서 동물을 그리니까 더 잘 그려지는 것 같았어요."

"그럼 **백문불여일견**이니까 집으로 그림을 가져와 엄마에게 좀 보여 주렴."

"그럴 줄 알고 가져왔죠! 이거예요!"

"어…. 이, 이거야?"

고사성어 뜻 이해하기

한나라의 선제는 북쪽의 오랑캐 때문에 골머리를 앓았어요. 선제는 조충국에게 오랑캐를 토벌할 방법을 물었지요. 조충국은 "폐하, 백 번 듣는 것보다 한 번 보는 것이 더 낫습니다. 바라건대 저를 금성군으로 보내 주시면 현지를 살펴본 다음 방책을 아뢰겠습니다."라고 말했습니다. 그 후에 직접 현지를 다녀온 조충국은 방책을 제시했고, 덕분에 더는 오랑캐 때문에 걱정하는 일이 없었다고 합니다. 이처럼 백문불여일견은 직접 경험해야 확실히 알 수 있다는 말이에요.

예문 만들기

예 **백문불여일견**이라고, 맛있는 것도 자꾸 먹어 봐야 요리를 잘하죠! 우리, 맛집에 가요!

예 현장 체험 학습을 가는 이유는 **백문불여일견**이라고 했기 때문이야.

예 **백문불여일견**이라고 미술관에 와서 직접 눈으로 보니 더 이해가 잘 됩니다.

비슷한 뜻의 고사성어

이문목견(耳聞目見 : 耳 귀 이, 聞 들을 문, 目 눈 목, 見 볼 견)

귀로 듣고 눈으로 본다는 뜻으로, 실제로 경험한다는 것을 이르는 말이에요.

반대 뜻의 고사성어

탁상공론(卓上空論 : 卓 탁자 탁, 上 위 상, 空 빌 공, 論 말할 론)

탁자 위에서만 펼치는 쓸데없는 이론이나 현실성 없는 해결책을 말해요. "탁상공론만으로는 미세먼지 문제를 해결할 수 없다."와 같이 사용할 수 있답니다.

⊘ 비슷한 뜻의 속담

열 번 듣는 것이 한 번 보는 것만 못하다.

백문불여일견과 똑같은 뜻의 우리말 속담입니다.

귀 장사 말고 눈 장사 하라.

소문만 듣고 이러쿵저러쿵하지 말고 직접 눈으로 확인하고 나서 행동하라는 뜻이에요.

스물두 번째 고사성어

우공이산 愚公移山

愚 어리석을 우, 公 공평할 공, 移 옮길 이, 山 메 산

남이 보기엔 어리석은 일처럼 보이지만 한 가지 일을
끝까지 밀고 나가면 언젠가는 목적을 달성할 수 있다는 말

중요도: ◆◆◆

"엄마, 저는 아무리 공부해도 안 되는 것 같아요."

"그래? 유니가 열심히 공부하기 시작한 지 며칠 됐지?"

"일주일이요."

"일주일? **우공이산**이란 말이 있어. 꾸준히 해야 그 결과가 나오지 않을까?"

고사성어 뜻 이해하기

우공이라는 아흔 살 된 노인이 있었습니다. 그런데 노인의 집 앞에는 넓이가 칠백 리, 만 길 높이의 태행산과 왕옥산이 가로막고 있어 생활하는 데 무척 불편했습니다. 어느 날 노인은 가족들에게 이렇게 말했습니다. "우리 가족이 힘을 합쳐 두 산을 옮겼으면 한다. 그러면 길이 넓어져 다니기에 편리할 것이다." 노인은 다음 날부터 작업을 시작하였습니다. 이 모습을 본 이웃 사람이 "이제 멀지 않아 죽을 당신인데 어찌 그런 무모한 짓을 합니까?" 하고 비웃자, "내가 죽으면 내 아들, 그가 죽으면 손자가 계속할 것이오. 그동안 산은 깎여 나가겠지만 더 높아지지는 않을 테니 언젠가는 길이 날 것이오."라고 하였습니다. 두 산을 지키던 산신이 이 말을 듣고는 큰일 났다고 여겨 즉시 옥황상제에게 달려가 산을 구해 달라고 호소했습니다. 이 말을 들은 옥황상제는 두 산을 각각 멀리 다른 쪽으로 옮기도록 하였답니다. 이처럼 우공이산은 힘들어도 끝까지 노력하는 것을 뜻하며, 그렇게 하다 보면 반드시 결과를 얻게 된다는 뜻도 있습니다.

예문 만들기

예 영어를 잘 하려면 **우공이산**처럼 꾸준히 해야 한다.

예 매일 물을 주고, 거름을 주고 **우공이산**의 마음으로 밭을 가꾸었더니 열매가 주렁주렁 열렸다.

예 **우공이산**처럼 꾸준히 돌을 쌓았더니 높은 담벼락이 만들어졌다.

비슷한 뜻의 고사성어

마부작침(磨斧作針 : 磨 갈 마, 斧 도끼 부, 作 지을 작, 針 바늘 침)

도끼를 갈아 바늘을 만든다는 말로, 아무리 어려운 일이라도 꾸준히 노력하면 이룰 수 있다는 뜻이에요.

비슷한 뜻의 속담

지성이면 감천(至誠感天 : 至 다할 지, 誠 정성 성, 感 느낄 감, 天 하늘 천)

정성을 다하면 하늘도 감동한다는 뜻으로, 무슨 일이든 정성껏 하면 어려운 일도 잘 풀리고 좋은 결과를 맺는다는 말입니다.

스물세 번째 고사성어

심사숙고 深思熟考

深 깊을 심, 思 생각 사, 熟 익을 숙, 考 상고할 고

깊이 생각하고 오래도록 고찰함

중요도: ◆◆◆

"유니 생일이 곧 돌아오네."

유니 아빠가 말씀하셨어요.

"이번 생일 선물은 무얼 받고 싶은지 **심사숙고**해서 결정하렴."

유니 엄마께서 말씀하셨어요.

"엄마, 아빠, 저 이번에 친구들이랑 생일 파티를 하고 싶어요."

"그래? 그럼 생일 파티를 열면 선물은 따로 없어도 되는 거지?"

"음, 고민되는데요. **심사숙고**해 볼게요."

고사성어 뜻 이해하기

숙(熟)은 '익다', 고(考)는 '곰곰이 생각하다'라는 뜻을 갖습니다. 그래서 숙고(熟考)라고 하면 '곰곰이 생각함, 깊이 고려함'을 의미합니다. 우공이산이 노력하는 것이라면 심사숙고는 신중하게 생각하는 것이에요.

예문 만들기

예 중요한 일을 결정할 때는 **심사숙고**해야 해.

예 부모님께서 크리스마스 선물을 고르라고 하셔서 나는 **심사숙고**해서 인형을 골랐다.

예 나는 그 학원에 다닐지 말지 **심사숙고**했다.

⊘ 비슷한 뜻의 고사성어

심모원려(深謀遠慮 : 深 깊을 심, 謀 꾀할 모, 遠 멀 원, 慮 생각할 려)

깊이 생각하고 멀리까지 내다보는 것을 말합니다.

⊘ 반대 뜻의 고사성어

주마간산(走馬看山 : 走 달릴 주, 馬 말 마, 看 볼 간, 山 메 산)

'달리는 말 위에서 산을 본다'는 뜻으로 사물을 지나가는 길에 흘낏 또는 대충 훑어보고 지나치는 모습을 뜻합니다. 심사숙고와는 다른 뜻이죠. 주마간산과 비슷한 뜻의 속담이 있어요. '수박 겉핥기'라는 속담은 많이 들어 봤을 거예요. 수박을 자르지 않고 껍질만 핥으면 수박의 참맛을 전혀 느낄 수 없겠죠? 이처럼 어떤 것에 관해 내용은 제대로 모르고 겉만 슬쩍 보고 넘길 때 쓰는 말이에요. 모두 심사숙고와는 반대의 의미라고 할 수 있겠죠.

⊘ 비슷한 뜻의 속담

돌다리도 두들겨 보고 건너라.

확실한 일이라도 다시 한번 확인하고 조심하라는 뜻이에요.

스물네 번째 고사성어

개과천선 改過遷善

改 고칠 개, 過 허물 과, 遷 옮길 천, 善 착할 선

지난 잘못을 고쳐 올바르고 착하게 바뀐다는 뜻

중요도: ◆◆◆

"도깨비 님, 저 **개과천선**했습니다. 이제 거짓말 같은 거 안 해요. 제발 이 혹들 좀 가져가 주세요."

"뭐야? 지난번에 네가 네 혹에서 고운 노래가 나온다고 거짓말을 했잖아!"

"그런데 도깨비 님, 처음에 거짓말했던 건 제가 아니었습니다."

"아니, 이놈이 그래도 거짓말을 해? 에라, 하나 더 가져라!"

나쁜 혹부리 영감은 혹이 세 개나 되어 버리고 말았습니다.

고사성어 뜻 이해하기

"저기 주처가 와요!"

어려서 부모를 잃은 주처는 사람들을 자주 때리고, 물건을 부수며 다녀서 마을 사람들은 주처를 피해 다녔어요. 사람들이 주처를 싫어하고 수군대자 어느 날 주처는 이제 착한 사람이 되겠다고 말했어요. 그러자 노인이 주처에게 말했어요.

"세상에 해로운 것이 셋 있는데 그것이 무엇인 줄 아느냐?"

노인의 뜬금없는 질문에 주처는 눈만 끔뻑거렸어요.

"하나는 남산에 사는 호랑이고 또 하나는 장교 아래에 사는 용, 그리고 마지막 하나는 주처, 바로 너다 이놈아!"

주처는 노인의 말을 듣고 속상해서 호랑이와 용을 해치우면 사람들이 자기를 좋아해 줄지도 모른다는 생각으로 남산으로 뛰어갔어요. 그리고 마침내 호랑이를 해치웠어요. 하지만 용은 만만치 않았어요. 하지만 고생하며 사흘 밤낮을 싸워 간신히 용까지 죽인 주처는 신이 나서 마을로 돌아왔어요. 그런데 사람들은 좋아하기는커녕 주처가 다시 마을로 돌아왔다며 싫어했어요.

실망한 주처는 유명한 학자를 찾아가 고민을 이야기했어요.

"지난 잘못을 뉘우치고 착하게 산다면 분명히 새롭게 태어날 수 있을 거야."

학자의 말에 용기를 얻은 주처는 착하게 살며 십 년 넘게 열심히 공부하여 훌륭한 학자가 되었어요. 개과천선은 지난 잘못을 뉘우치고 허물을 고쳐 착하게 되었다는 뜻으로, 주처의 이야기에서 유래되었답니다. 우공이산과 같은 노력을 하다 보면 분명 주처처럼 끝내 개과천선할 수 있을 거예요.

예문 만들기

예 놀부는 **개과천선**해서 착해졌다.

예 그 아이는 선생님께 혼난 후로 **개과천선**해서 다시는 친구들을 놀리지 않았다.

예 나는 새해부터 **개과천선**할 것이다.

⊘ 비슷한 뜻의 고사성어

환골탈태(換骨奪胎 : 換 바꿀 환, 骨 뼈 골, 奪 빼앗을 탈, 胎 아이 밸 태)

뼈를 바꾸고 태를 벗는다는 뜻으로, 몸과 얼굴이 몰라볼 정도로 아름답게 변하거나 문장이 완전히 새로워졌음을 이르는 말이에요. 개과천선은 착하게 변했다는 것인데, 환골탈태 역시 긍정적으로 변하는 것을 말하는 고사성어입니다.

괄목상대(刮目相對 : 刮 비빌 괄, 目 눈 목, 相 서로 상, 對 대할 대)

직역하면 눈을 비비고 다시 보며 상대를 대한다는 뜻입니다. 이는 상대방의 학식이나 재주가 갑자기 몰라볼 정도로 좋아졌을 때 주로 쓰는 말이에요. 개과천선은 착하게 변한 것, 괄목상대는 학문적으로 커다란 성장을 이룬 것을 의미합니다.

스물다섯 번째 고사성어

당구풍월 堂狗風月

堂 집 당, **狗 개** 구, **風 바람** 풍, **月 달** 월

서당 개 삼 년에 풍월을 읊는다는 뜻으로 무식해도 유식한 사람과 사귀거나 어떤 일을 오래 보고 듣다 보면 견문이 넓어져 자연히 할 줄 알게 된다는 뜻

중요도: ◆◆◆

"여보, 내가 커피 내려 줄게."

유니 엄마가 유니 아빠에게 말했어요.

"정말 맛있는데?"

"**당구풍월**이라고 내가 카페에서 일한 지 삼 년이 되니까 이제 좀 알겠어."

"그러게, 확실히 커피 맛이 예전이랑 다르네."

"그래서 이번에 카페를 내 볼까 해."

"응? 그, 그 정도는 아닌 것 같아."

유니 아빠가 화들짝 놀라며 말했어요.

"뭐야? 맛있다더니 어떻게 그렇게 말할 수 있어?"

유니 엄마가 잔뜩 실망한 목소리로 물었어요.

"사실을 말해야지. 돈만 투자하고 망할 수는 없잖아. 가족들이니까 맛있게 먹는 거지 팔 정도는 아냐."

고사성어 뜻 이해하기

'서당'이란 옛날에 학생들이 글을 배웠던 곳이에요. 지금의 학교에 해당하는 곳이지요. '음풍농월(吟風弄月)'이란 말을 줄여 풍월(風月)이라고 하는데 이는 맑은 바람과 밝은 달이란 뜻으로, 자연의 아름다움을 말해요. 따라서 '풍월을 읊는다'라는 말은 자연의 아름다움을 노래한 시를 외운다는 뜻이에요. 서당에서 삼 년 지내다 보면 매일 들리는 소리가 한시와 문장이므로 어려운 한시와 문장을 자연스럽게 익힐 수 있겠지요. 그래서 풍월은 얻어들은 짧은 지식을 뜻하기도 해요. 당구풍월은 서당에서 기르는 개도 계속 풍월을 들으면 풍월을 읊을 수 있게 된다는 것으로, 그 분야에 대하여 경험과 지식이 전혀 없는 사람이라도 오래 있으면 얼마간의 경험과 지식을 가지게 되는 것을 말합니다. 개과천선이 착하게 변하는 것이라면 당구풍월은 무식했다가 유식하게 변한 거니 둘 다 긍정적인 방향으로 변한 거라고 할 수 있겠네요.

✐ 예문 만들기

예 언니가 다니는 피아노 학원에 따라다니니 **당구풍월**이라고 나도 어느 정도 피아노를 칠 수 있게 되었다.

예 요리 보조로 있던 나는 **당구풍월**로 이제 주방장 못지않게 요리를 잘하게 되었다.

예 우리 아이에게 계속 한글을 읽어 주다 보니, **당구풍월**로 한글을 읽을 수 있게 되었다.

비슷한 뜻의 고사성어

귤화위지(橘化爲枳 : 橘 귤 귤, 化 화할 화, 爲 될 위, 枳 탱자 지)

'귤화위지'는 심는 지역에 따라 귤이 탱자가 되듯이 사람도 환경에 따라 달라진다는 뜻이에요. 비슷하게 환경의 중요성을 뜻하는 고사성어가 또 있습니다. 맹모삼천지교(孟母三遷之教 : 맏 맹, 어머니 모, 석 삼, 옮길 천, 어조사 지, 가르칠 교)는 맹자의 어머니가 교육을 위해 세 번이나 이사했다는 이야기에서 유래되었습니다. 처음에 맹자의 집은 공동묘지 근처에 있었는데, 맹자는 날마다 장례 지내는 모습을 흉내 내며 놀았어요. 그래서 이사를 했는데, 그곳은 시장 근처여서 이번에는 맹자가 날마다 장사 놀이를 하는 것이었습니다. 그러자 맹자의 어머니는 다시 서당 부근으로 이사를 했고, 맹자는 그곳에서 비로소 날마다 공부를 흉내 내며 놀게 되었고, 훗날 정말 공부를 잘하는 학자가 되었다는 이야기입니다.

반대 뜻의 고사성어

근묵자흑(近墨者黑 : 近 가까울 근, 墨 먹 묵, 者 사람 자, 黑 검을 흑)

먹을 가까이하는 사람은 검어진다는 뜻으로, 나쁜 사람과 가까이 지내면 나쁜 버릇에 물들기 쉽다는 것을 비유적으로 이르는 말입니다.

⊘ 비슷한 뜻의 속담

서당 개 삼 년이면 풍월을 읊는다.

당구풍월과 같은 뜻의 우리말 속담이에요.

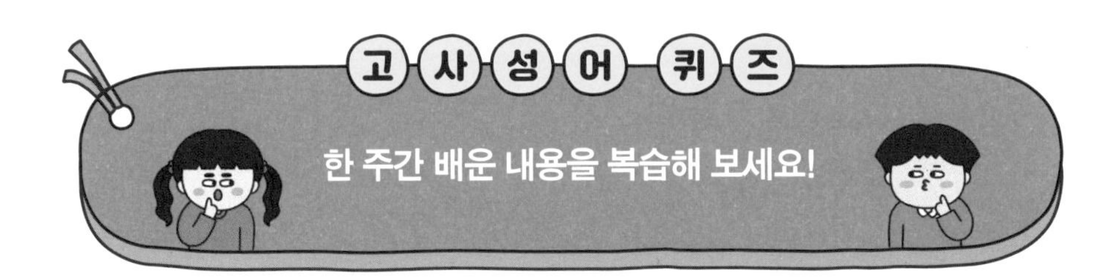

뜻 보고 고사성어 빈칸 채우기

1. [|] 상대 : 눈을 비비고 다시 보며 상대를 대한다는 뜻으로 상대방의 학식이나 재주가 갑자기 몰라볼 정도로 좋아졌을 때 주로 쓰는 말.

2. 근묵 [|] : 먹을 가까이하는 사람은 검어진다는 뜻으로, 나쁜 사람과 가까이 지내면 나쁜 버릇에 물들기 쉽다는 것을 비유적으로 이르는 말.

3. 이문 [|] : 귀로 듣고 눈으로 본다는 뜻으로, 실제로 경험한다는 것을 이르는 말.

4. [|] 이산 : 남이 보기엔 어리석은 일처럼 보이지만 한 가지 일을 끝까지 밀고 나가면 언젠가는 목적을 달성할 수 있다는 말.

예문과 초성 보고 고사성어 맞히기

1. 옛말에 ㄱ ㅎ ㅇ ㅈ라고 환경이 사람을 만든다고 했어. 일단 방 청소부터 하자!

2. 야, 직접 가보기 전까지는 아무것도 모르는 거야! ㅂ ㅁ ㅂ ㅇ ㅇ ㄱ이라는 말도 몰라?

3. ㅌ ㅅ ㄱ ㄹ은 이쯤하고 빨리 대책을 마련해야지요.

4. 네가 웬일로 이렇게 일찍 일어났니? ㄱ ㄱ ㅊ ㅅ이라도 한 거야?

5. 어휘력이라는 게 하루아침에 늘 순 없지. ㅁ ㅂ ㅈ ㅊ하듯 꾸준히 노력해야 해.

6. 동민아 나 오늘부터 완전히 달라질 거야. ㅎ ㄱ ㅌ ㅌ한 내 모습 기대하라고.

| **빈칸 채우기 정답** | 1. 괄목 2. 자혹 3. 목견 4. 우공
| **초성 맞히기 정답** | 1. 귤화위지 2. 백문불여일견 3. 탁상공론 4. 개과천선 5. 마부작침 6. 환골탈태

6주 차

스물여섯 번째 고사성어

자승자박 自繩自縛

自 스스로 자, 繩 줄 승, 自 스스로 자, 縛 묶을 박

자신이 만든 줄로 제 몸을 스스로 묶는다는 뜻으로
자기가 한 말과 행동에 자신이 구속되어 어려움을 겪는 것을 뜻하는 말

중요도: ◆

"주니야, 이제 게임 그만하고 숙제해야지."

"엄마, 조금만 더 하고요."

"그럼 주니야. 오늘은 마음껏 하고 내일부터는 게임은 딱 10분만 할래?"

"네. 그럴게요!"

"자, 엄마랑 계약서 쓰자."

"계약 사항을 안 지키면 컴퓨터를 팔아 버리겠다고요?"

"오늘은 마음껏 게임할 수 있잖아."

주니는 게임을 마음껏 할 생각에 계약서에 사인을 했어요.

하지만 다음 날…,

"주니야, 10분 지났어."

"엄마, 저 조금만 더 할게요."

"여기 계약서에 뭐라고 적었더라~?"

"아휴 알겠어요. 어제 게임 마음껏 하게 해 준다는 말 때문에 사인을 했는데 **자승자박**이 따로 없네요."

고사성어 뜻 이해하기

자승자박은 자기가 꼰 새끼로 자기를 묶는다는 뜻인데요. 자기가 만든 새끼줄로 자기 자신을 묶는다, 그러니까 자기의 마음 씀씀이나 행동으로 인해 자신에게 피해가 돌아오는 경우를 가리킵니다. 이 표현도 긍정적으로는 쓰지 않는다는 점에서, 앞에서 배웠던 자업자득과 비슷합니다.

◎ 예문 만들기

예 유니가 학원에 안 가고 싶어서 괜히 꾀병을 부렸는데 그러면 아픈 유니는 두고 가자며 가족들이 외식을 갔다. 꾀병을 부린 건 **자승자박**이었다.

예 짝꿍 바꾸기를 제비뽑기로 하는데, 종이를 친구랑 바꾼 것은 **자승자박**이었다. 바꾸기 전이 훨씬 좋은 자리였다.

예 나는 다 커서 놀이공원 같은 유치한 곳에 가지 않겠다고 큰소리쳤는데, 그게 **자승자박**이었어. 나만 빼고 놀이공원에 갈 줄이야.

◎ 비슷한 뜻의 고사성어

검려지기(黔驢之技 : 黔 검을 검, 驢 당나귀 려, 之 어조사 지, 技 재주 기)

검(黔)이라는 이름의 마을을 어슬렁거리던 호랑이가 있었습니다. 이 호랑이는 어느 날 마을로 내려와 처음으로 당나귀를 보고는 자기보다 큰 몸집에 놀랐습니다. 호랑이는 지금까지 당나귀를 본 적이 한 번도 없었으므로 무서워서 황급히 도망을 쳤죠. 며칠이 지나자 용기가 생긴 호랑이는 당나귀를 시험해 보려고 다가갔어요. 그러자 당나귀는 호랑이에게 뒷발질을 했지만, 그 뒷발질로 당나귀는 자기의 기량을 들킨 셈이었어요. 호랑이는 당나귀가 힘이 없음을 알게 되었고, 안심하고 당나귀에게 덤벼들어 순식간에 잡아먹어 버렸습니다. 이처럼 이 말은 잔꾀를 쓰다 보잘것없는 재주를 들켜 비웃음을 산다는 뜻입니다. 자승자박도 괜한 잔꾀로 자기가 넘어간다는 뜻이니 비슷하다고 할 수 있겠죠.

⊘ 비슷한 뜻의 속담

제 꾀에 제가 넘어간다.

꾀를 내어 남을 속이려다 도리어 자기가 그 꾀에 당한다는 말이에요. 제 이득만 챙길 심산에 잔꾀를 부리다 더욱 크게 손해 보는 경우는 의외로 많답니다.

스물일곱 번째 고사성어

미봉책 彌縫策

彌 두루 미, 縫 꿰맬 봉, 策 꾀 책

두루 꿰매듯이 빈 곳을 메우는 생각이나 꾀라는 뜻
그러나 오늘날에는 뜻이 바뀌어 실수나 잘못된 점을 대충 가리고
은근슬쩍 넘어가는 잔꾀를 나타내는 말로 쓰임

중요도: ◆◆◆

"살이 너무 쪄서 뱃살을 가리는 옷을 샀어."

"그래 봤자 네 뱃살은 그대로인데 **미봉책**이지!"

"나 살 뺄 거거든!"

고사성어 뜻 이해하기

중국 주나라의 환왕은 약해져 가는 왕실의 권위를 되찾기 위해, 당시 점점 세력을 키워 가던 정나라의 장공을 치기로 했어요. 정나라의 장공은 그때까지 환왕에게 충성을 다해 왔으므로 화가 났지요. 그때 정나라의 원이 장공에게 말했어요.

"지금 연합군 가운데 진나라의 군대가 가장 약합니다. 오승미봉법을 사용해서 진나라 군대를 먼저 치면 연합군 전체에 혼란이 올 것입니다." "오승미봉법?" "예. 전차 부대가 앞으로 나아가고 그 뒤에 보병 부대를 세운 뒤, 다시 전차 부대가 그 뒤를 잇는 전술입니다. 전차 부대 사이의 빈 곳을 보병 부대가 메우는 전술이지요."

장공은 원의 말대로 오승미봉법을 사용해서 환왕의 연합군과 싸웠고, 마침내 환왕을 물리치고 승리를 거둘 수 있었어요. 미봉책은 이때의 오승미봉법에서 나온 말로, 바느질하듯이 빈구석을 꼼꼼히 메우는 것을 나타내는 말이에요. 하지만 오늘날에는 뜻이 바뀌어서, 눈

가림으로 얼렁뚱땅 일을 끝내려는 잔꾀를 나타내는 말로 널리 쓰이고 있습니다. 미봉책을 쓰면 자승자박할 수 있지요.

예문 만들기

예 공부를 하는 척하는 것은 어차피 **미봉책**에 불과해. 성적이 나오면 다 들통나거든.

예 진통제는 **미봉책**이야. 왜 아픈지 원인을 찾아야지.

예 출산장려금을 준다고 출산율이 높아지지 않는다. **미봉책**일 뿐이다.

비슷한 뜻의 고사성어

고식지계(姑息之計 : 姑 잠시 고, 息 쉬다 식, 之 어조사 지, 計 셈할 계)

잠시 숨 한 번 쉴 동안밖에 안 되는 계략. 당장 편한 것을 택하는 일시적이며 임시변통만 가능한 수준의 계책을 말해요.

반대 뜻의 고사성어

교자채신(敎子採薪 : 敎 가르칠 교, 子 아들 자, 採 캘 채, 薪 땔나무 신)

자식에게 땔나무 캐 오는 법을 가르치라는 뜻. 무슨 일이든 장기적인 안목을 갖고 근본적인 처방에 힘쓰라는 말이에요.

⊘ 비슷한 뜻의 속담

언 발에 오줌 누기

언 발을 녹이려고 발등에 오줌을 누어 봤자 별 효과가 없다는 말. 어떤 일이 터졌을 때 우선 간단하게 둘러맞추어 처리할 수는 있어도, 그 효과가 오래가지 못하고 오히려 결과가 전보다 더 나빠진다는 뜻이랍니다.

스물여덟 번째 고사성어

고육지책 苦肉之策

苦 괴로울 고, 肉 고기 육, 之 어조사 지, 策 책략 책

제 몸을 상하게 하면서까지 꾸며 내는 방책이라는 뜻으로
어려운 상태에서 벗어나기 위한 수단으로 어쩔 수 없이 하는 계책

중요도: ◆◆◆

가게마다 파리가 날려서 주인들은 한숨을 푹푹 쉬었다.

"요즘 경기가 안 좋아서 큰일이에요."

"그러게요. 가게 장사가 너무 안되네요."

"그래서 저희 식당은 할인 이벤트를 많이 하고 있어요. **고육지책**이죠, 뭐."

"남는 게 얼마나 된다고, 할인 이벤트까지 하면 어떻게 먹고 살려고 그러셨어요."

"그래도 그렇게라도 손님을 모아야 조금이라도 돈을 버니까요."

고사성어 뜻 이해하기

위나라의 조조는 백만 대군을 이끌고 오나라의 손권을 칩니다. 두 세력이 양쯔강을 사이에 두고 벌인 전쟁이 적벽대전이에요. 오나라는 조조의 대군이 몰려온다는 소식에 싸울지 항복할지 논란이 많았습니다. 이때 노장 황개가 은밀히 주유를 찾아가 말했어요.

"조조의 군사들이 뱃멀미 때문에 배들을 쇠사슬로 묶어 놨다고 하니, 투항하는 척하며 다가가 불을 지르면 이길 수 있습니다."

꾀 많은 조조가 거짓 투항을 믿게 하려고 황개는 자진해서 희생하기로 했어요. 다음 날, 주유는 모든 장수를 불러 놓고 작전 회의를 열었어요. 이 자리에서 황개는 일부러 강력히 반대하면서 석군의 수가 많으니 항복하자고 주장했어요. 이에 주유는 불같이 화내며 말했어요.

"싸움도 하기 전에 사기를 떨어뜨리는 이는 용서할 수 없다. 당장 목을 베어 군법을 바로 세워라!"

주변 장수들이 모두 놀라 용서를 구하는 바람에 주유는 다시 황개에게 곤장 100대를 치라고 했어요. 50대의 곤장을 맞은 황개는 기절하고 살갗이 다 벗겨졌어요.

"50대는 남겨 두되, 다시 내 명령을 어기면 그때는 두 가지 죄를 한꺼번에 벌하겠다."

이에 황개는 주유를 욕하며 곧바로 조조에게 거짓 항복 편지를 바쳤습니다. 조조는 첩자들에게 이미 보고를 받았던 터라 그 편지에 깜빡 속아 넘어갔어요. 황개는 일부러 어두운 밤을 골라 항복하기로 하고 조조군이 있는 배로 다가가 불을 질렀어요. 조조군 진영은 순식간에 불바다가 되었고, 오나라는 전쟁에서 이길 수 있었습니다. 고육지책은 이처럼 고통스럽게 자기 몸을 희생하여 쓰는 계획을 말해요. 고육지책은 '고육책', '고육지계'라고도 합니다. '미봉책'이 임시방편으로 일을 해결하려고 하는 것이라면 자기 몸을 희생하면서까지 해결하려고 하는 '고육책'은 그와는 태도가 전혀 다른 해결책이라 할 수 있지요.

예문 만들기

예 학원에 가기 싫어 상한 우유를 마시고 배탈이 났던 건 **고육지책**이었다.

예 **고육지책**으로 숙제를 안 해 온 친구들은 이제부터 남아서 청소를 하기로 하자.

비슷한 뜻의 고사성어

궁여지책(窮餘之策 : 窮 다할 궁, 餘 남을 여, 之 어조사 지, 策 책략 책)

매우 궁하여 어려움 속에서 낸 마지막 계책이라는 뜻이에요.

비슷한 뜻의 속담

물에 빠진 사람은 지푸라기라도 잡는다.

목숨이 달릴 정도로 급한 상황에 부딪히면 이것저것 따질 겨를 없이 무엇이든 붙잡고 매달리게 되지요.

스물아홉 번째 고사성어

토사구팽 兎死狗烹

兎 토끼 토, 死 죽을 사, 狗 개 구, 烹 삶을 팽

사냥하러 가서 토끼를 다 잡고 나면 사냥하던 개는 쓸모가 없게 되니 삶아 먹는다는 뜻으로, 필요할 때 써먹고 쓸모가 없어지면 버린다는 뜻

중요도: ◆◆◆

"우리 아빠가 이번에 회사에서 잘리셨대. 아빠가 **토사구팽**이라고 막 화내셨어."

"**토사구팽**이 무슨 뜻이야?"

"필요 없어지면 버린다는 뜻이래. 아빠는 그 회사가 처음 만들어질 때부터 열심히 일하셨거든. 그런데 커지고 잘되니까 직원을 해고한다고 그러셨어."

"너도 지난번에 나랑 놀자고 하고 내 숙제만 베끼고 가 버렸잖아. 그것도 **토사구팽**이겠네?"

"……."

고사성어 뜻 이해하기

항우와 유방의 싸움에서 유방이 승리해서 한나라를 세웠어요. 그때 한신이라는 사람이 세운 공이 컸죠. 그런데 유방은 얼마 후에 항우의 부하 장수였던 종리매를 한신이 몰래 숨겨 주고 있다는 사실을 알게 되었어요.

'아니, 이놈이 나를 배신할 음모를 꾸미고 있다는 건가.'

유방은 한신을 의심했어요. 그래서 한신에게 부하를 보내어 종리매를 보내라고 명령했어요. 그러나 한신은 그 명에 따르지 않았을 뿐 아니라, 종리매의 목을 바쳐야 무사할 것이라는 말에 오히려 화를 벌컥 냈어요. 그런 태도를 보고 유방은 한신을 제거해야겠다고 생각하고 한신을 불렀어요. 그런데 한신이 그처럼 어려운 처지에 빠지자, 종리매는 그를 더 이상 곤란하게 하지 않으려고 자결해 버렸어요. 한신은 하는 수 없이 종리매의 목을 가지고 유방을 찾아갔으나, 그를 기다리고 있는 것은 반역 혐의와 처벌뿐이었습니다. 몸이 묶인 한신은 이렇게 항변했어요.

"폐하께서는 교활한 토끼를 사냥하고 나면 좋은 사냥개도 삶아 먹고, 한나라를 세우는 데 분골쇄신한 저를 죽일 참이십니까?"

그러자 그 말을 들은 유방은 한신을 처단하지 않았다고 합니다. 고육지책을 쓴 신하를 토사구팽하면 안 되겠지요.

예문 만들기

예 주니는 축구 시합에서 이기고 나서 가장 열심히 뛰었던 철수만 빼고 친구들에게 떡볶이를 사 주었다. **토사구팽**은 이럴 때 쓰는 건가 보다.

예 모둠 활동을 할 때는 나한테 붙더니 놀 때는 나를 버려? **토사구팽**이잖아!

예 언니는 유용하게 쓰던 멀쩡한 연필을 이제는 필요 없다고 버렸다. 연필도 **토사구팽**이 되었다.

◎ 비슷한 뜻의 고사성어

감탄고토(甘呑苦吐 : 甘 달 감, 呑 삼킬 탄, 苦 쓸 고, 吐 토할 토)

달면 삼키고 쓰면 뱉는다는 뜻으로, 자기 비위에 맞으면 좋아하고 맞지 않으면 싫어한다는 의미랍니다.

◎ 반대 뜻의 고사성어

결초보은(結草報恩 : 結 맺을 결, 草 풀 초, 報 갚을 보, 恩 은혜 은)

풀을 묶어 은혜를 갚는다는 말로, 죽어서도 은혜를 잊지 않고 갚는다는 뜻을 가지고 있어요.

◎ 비슷한 뜻의 속담

등치고 간 내 먹는다.

겉으로는 가장 위해 주는 체하면서 속으로는 해를 끼친다는 뜻이에요.

서른 번째 고사성어

오십보백보 五十步百步

五 다섯 오, 十 열 십, 步 걸음 보, 百 일백 백, 步 걸음 보

오십 보 도망간 것이나 백 보 도망간 것이나 같음. 즉 정도의 차이는 있을지언정 본질적으로 같은 것, 별것도 아닌 것끼리 서로 자기가 낫다고 다툴 때 쓰는 말

중요도: ◆◆◆

유니와 주니와 후니가 놀이터에서 만나기로 했어요. 그런데 주니가 20분이나 늦게 왔어요.

"넌 왜 이렇게 늦은 거야?"

"미안해. 컴퓨터 게임을 하다가 시간 가는 줄 몰랐어."

주니가 오고 나서 10분이나 더 지나서 후니가 왔어요.

"미안해. 컴퓨터 게임을 하다가……."

"으이그. 내가 얼마나 오래 기다렸는지 알아?" 주니가 말했어요.

"20분 늦은 주니 너나, 30분 늦은 후니 너나 **오십보백보**야!"

고사성어 뜻 이해하기

위나라의 혜왕은 백성들에게 칭찬을 듣는 훌륭한 임금이 되고 싶었지만, 전쟁을 계속했어요. 그래서 그가 펼치는 정치에 백성들은 늘 불만이 많았어요. 어느 날 혜왕은 맹자에게 자신은 열심히 하는데 왜 백성들은 불만이 많은지 물었어요. 그러자 맹자가 답했어요.

"전쟁에 빗대어 말씀드리겠습니다. 화살이 빗발치는 전쟁터에서 한 군사가 겁을 먹고 도망쳤습니다. 한 50보쯤 도망치다가 앞을 보니 100보쯤 도망친 군사가 보였습니다. 그러자 50보 도망간 군사가 100보 도망간 군사를 보고 비겁한 놈이라며 비웃었습니다. 왕께서

나라를 잘 다스린다고는 하나 이웃 나라 왕들과 비교해 보면 오십보 백보의 차이입니다. 백성들은 전쟁 때문에 힘들어하고 있습니다. 정말 백성을 생각하신다면 전쟁부터 멈추십시오."

예문 만들기

예 50점 맞은 나나 45점 맞은 너나 **오십보백보**지!

예 서로 잘났다고 잘난 체를 하지만 사실 **오십보백보**였다.

예 무슨 옷을 살까 고민했는데, **오십보백보**라 그냥 아무거나 골랐다.

비슷한 뜻의 고사성어

막상막하(莫上莫下 : 莫 없을 막, 上 위 상, 莫 없을 막, 下 아래 하)

위도 아니고 아래도 아니다, 즉 실력이 엇비슷하여 우열을 가리기 힘들다는 뜻이에요. 오십보백보가 안 좋은 상태에서 서로 조금이라도 낫다고 다투는 것이라면 막상막하는 둘 다 훌륭해서 실력을 비교하기 힘들다는 뜻으로 많이 쓰여요.

비슷한 뜻의 속담

도토리 키 재기

크기가 고만고만한 도토리들의 키를 재 보았자 별 차이가 없다는 말. 비슷비슷한 사람끼리 견주어 볼 필요가 없다는 뜻이에요.

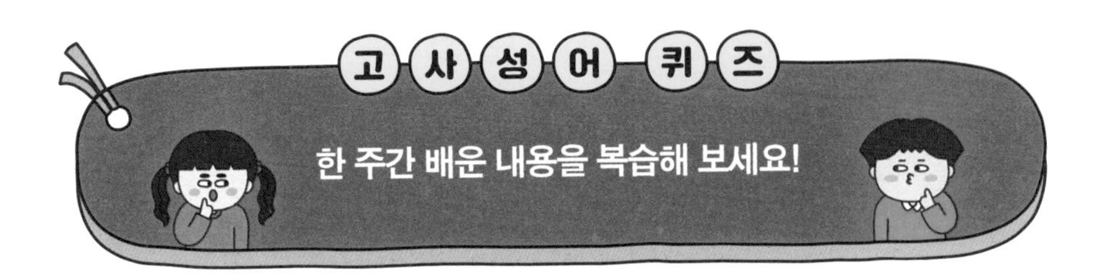

뜻 보고 고사성어 빈칸 채우기

1. [　|　] **채신** : 자식에게 땔나무 캐 오는 법을 가르치라는 뜻으로 장기적인 안목을 갖고 근본적인 처방에 힘쓰라는 말.

2. **고식** [　|　] : 잠시 숨 한 번 쉴 동안밖에 안 되는 계략. 당장 편한 것을 택하는 일시적이며 임시변통만 가능한 수준의 계책.

3. **검려** [　|　] : 잔꾀를 쓰다 보잘것없는 재주를 들켜 비웃음을 산다는 뜻.

4. [　|　] **구팽** : 사냥하러 가서 토끼를 다 잡고 나면 사냥하던 개는 쓸모가 없게 되니 삶아 먹는다는 뜻으로, 필요할 때 써먹고 쓸모가 없어지면 버린다는 뜻.

5. **고육** [　|　] : 어려운 상태에서 벗어나기 위한 수단으로 어쩔 수 없이 하는 계책.

예문과 초성 보고 고사성어 맞히기

1. ㄱ ㅌ ㄱ ㅌ 라고 자기가 필요할 때만 찾고 아닐 때는 아무런 관심도 없구나, 너는!
2. 정원이나 지웅이나 성적이 ㅇ ㅅ ㅂ ㅂ ㅂ 야.
3. 꾀병을 부려 학교를 안 가려고 했더니 병원에서 꼼짝없이 다섯 시간 동안 검사만 받았네. ㅈ ㅅ ㅈ ㅂ 이야.
4. 저 둘은 학교에서 장난 많이 치기로는 ㅁ ㅅ ㅁ ㅎ 야. 그러니까 조심하도록 해.
5. 안경다리가 부러졌는데 당장 안경원에 갈 수 없어 ㅁ ㅂ ㅊ 으로 일단 테이프로 엉성하게 붙여 놓았다.

| **빈칸 채우기 정답** | 1. 교자 2. 지계 3. 지기 4. 토사 5. 지책

| **초성 맞히기 정답** | 1. 감탄고토 2. 오십보백보 3. 자승자박 4. 막상막하 5. 미봉책

7주 차

서른한 번째 고사성어

여반장 如反掌

如 같을 여, **反 뒤집을** 반, **掌 손바닥** 장

손바닥을 뒤집는 것처럼 쉬운 일을 이름

중요도: ◆◆◆

"이 수학 문제 풀어 볼 사람?"

"저요! **여반장**이죠!"

"아휴! 또 잘난 체! 여반장이 뭐냐, 여반장이. 쟤 김 씨 아니야? 김반장이지!"

"으이그, 무식하면 가만히 있어라. **여반장**은 손바닥 뒤집기라는 뜻이야. 그만큼 쉽다는 뜻이지."

"그래, 그래. 다들 잘났다."

고사성어 뜻 이해하기

유방의 조카인 유비는 난을 일으켰습니다. 이때 저명한 문인인 매승이란 사람이 성공하기 어렵다며 건의했어요. '하고자 하는 바를 바꾼다면 이는 손바닥을 뒤집는 것보다 쉬운 일이며 태산처럼 안정될 것입니다(變所欲爲 易於反掌 安於泰山 : 변소욕위 이어반장 안어태산)'라고요. 유비는 이 말을 듣지 않았다가 결국 진압군에게 죽임을 당했답니다. 여기서 여반장이라는 표현이 나왔어요.

⊘ 예문 만들기

예 나에게 2단 줄넘기는 **여반장**이다.

예 무엇이든 꾸준히 연습하다 보면 **여반장**이 될 거야.

예 그까짓 거 나처럼 노련한 사람한테는 **여반장**이다.

⊘ 비슷한 뜻의 고사성어

낭중취물(囊中取物 : 囊 주머니 낭, 中 가운데 중, 取 취할 취, 物 만물 물)

주머니 속의 물건을 꺼내 가진다는 뜻으로, 손쉽게 얻을 수 있음을 이르는 말이에요.

⊘ 비슷한 뜻의 속담

누워서 떡 먹기

매우 쉬운 일을 비유적으로 이르는 말이에요. '식은 죽 먹기'도 같은 의미의 속담이지요.

땅 짚고 헤엄치기

물속에서 헤엄치는 것은 어려울 수 있지만 땅을 짚고 헤엄치는 것은 쉬운 일이죠. 이것 역시 매운 쉬운 일을 의미하는 속담입니다.

서른두 번째 고사성어

용두사미 龍頭蛇尾

龍 용 용, **頭 머리** 두, **蛇 뱀** 사, **尾 꼬리** 미

머리는 용이고 꼬리는 뱀이라는 뜻으로
시작은 좋았지만 갈수록 나빠지는 것을 이르는 말

중요도: ◆◆◆

"김주니! 이거 우리가 먼저 가지고 놀고 있었거든!"

"너네는 많이 갖고 놀았으니까 우리도 좀 놀자!"

"주니 쟤는 반장 되고 나서 처음에는 친구들한테 엄청 잘해 주지 않았어?"

"그랬지. 자기를 반장으로 뽑아 주면 친구들에게 친절한 반장이 되겠다고 했지."

"하여간 **용두사미**야."

고사성어 뜻 이해하기

옛날 중국의 용흥사라는 절에 진존숙이라는 스님이 있었어요. 진존숙은 부처님께 기도 올리는 일이 끝나면 지푸라기로 짚신을 만들었어요. 그리고 다 만든 짚신은 한 켤레씩 짝을 맞춰 산길의 나뭇가지에 매달아 두었지요.

"스님, 뭐 하러 짚신을 만들어 매다시는 겁니까?"

지나가던 사람이 궁금해서 물었어요.

"먼 길 가는 사람 가운데에는 짚신이 낡은 사람도 많을 것입니다. 그 사람의 아픈 발을 편하게 해 주려고 짚신을 매달아 두는 것입니다."

사람들은 진존숙 스님의 아름다운 마음에 깊이 감동했어요. 어느 날, 진존숙은 처음 보는 스님과 서로 상대방의 도를 알아보는 문답을 하게 되었어요. 그런데 진존숙이 한마디를 건네자마자 그 스님은 버럭 소리를 질렀어요.

"야단을 맞았네. 도를 아주 많이 닦은 스님이신가 보구나."

그런데 잠시 뒤 그 스님은 또 다짜고짜 소리를 질렀어요.

'겉보기에는 용의 머리처럼 훌륭한 스님같이 보이지만 실제로는 뱀의 꼬리처럼 형편없는 사람인지도 모르겠구나.'

이렇게 생각한 진존숙이 스님에게 말했어요.

"소리를 쳤으면 무엇 때문에 그랬는지 마무리를 지어야지요!"

그러자 그 스님은 슬그머니 자리를 피했어요. 자기가 소리를 지르면 다들 대단한 인물인 줄 알고 슬금슬금 피했는데, 진존숙은 그렇지 않았기 때문이지요. 그 모습을 지켜보던 사람들은 용두사미라고 하며 그 스님을 비웃었어요. 이처럼 여반장하지 않은 일은 중간에 포기하기도 쉬우니 용두사미가 될 확률이 높습니다.

✐ 예문 만들기

예 새해만 되면 계획을 세우는데, 매번 **용두사미**로 끝나고 만다.

예 엄마가 맛있는 요리를 해 주겠다더니 음식 재료만 한가득 사고 결국 **용두사미**로 배달 음식을 시켜 먹었다.

예 일기장을 보면 처음에는 글씨가 예쁜데, 뒤로 갈수록 엉망이 된다. **용두사미**다.

비슷한 뜻의 고사성어

유두무미(有頭無尾 : 有 있을 유, 頭 머리 두, 無 없을 무, 尾 꼬리 미)

머리가 있어도 꼬리는 없다는 뜻으로, 일이 제대로 끝나지 않고 흐지부지되는 것을 이르는 말입니다. 용두사미와 같은 뜻이지요.

반대 뜻의 고사성어

시종일관(始終一貫 : 始 비로소 시, 終 마칠 종, 一 한 일, 貫 꿸 관)

처음부터 끝까지 한결같다는 뜻으로 용두사미와는 완전히 다른 태도이지요.

서른세 번째 고사성어

화룡점정 畵龍點睛

畵 그림 화, 龍 용 룡, 點 점 점, 睛 눈동자 정

용 그림을 그린 뒤 눈동자에 점을 찍는다는 뜻으로
어떤 일을 할 때 가장 중요한 부분을 끝내고 완성한다는 말

중요도: ◆◆◆

"자! 그럼 학예회의 화룡점정이 되어 주실 분을 모시겠습니다."

"어? 누구지? **화룡점정**이라니, 연예인이라도 초청했나?"

"그러게. 누구지?"

"우리 학교의 꽃! 교장 선생님께서 말씀하시겠습니다."

"에이~."

고사성어 뜻 이해하기

중국 남북조 시대 양나라에 장승요라는 화가가 있었습니다. 그는 어느 날 안락사란 절로부터 벽면에 용을 그려 달라는 부탁을 받았습니다. 그가 붓을 들어 그림을 그리기 시작하자 시간이 갈수록 벽에는 하늘로 솟아오르려는 용들의 모습이 선명하게 드러났습니다. 사람들은 그 솜씨에 감탄을 아끼지 않았지요. 그런데 이상한 일이 있었습니다. 그림 속의 용에게 눈이 없었던 것입니다. 이상하게 여긴 사람들이 그에게 묻자 장승요는 이렇게 대답했습니다.

"눈을 그려 넣으면 용은 하늘로 날아가 버릴 것이오."

그러나 사람들은 그 말을 믿지 않고 얼른 눈을 그려 넣으라고 재촉했습니다. 결국, 장승요는 그 가운데 한 마리의 용에 눈을 그려 넣었습니다. 그러자 갑자기 그 용은 벽면을 박차고 솟아올라 구름을 타더니 하늘로 날아가는 것이었습니다. 이때부터 중요한 일의 마지막 마무리를 해 넣는 것을 화룡점정이라 부르게 되었습니다. 화룡점정은 마무리가 부족한 용두사미와 다르게 가장 중요하고 핵심적인 일을 함으로써 일을 완성하는 것을 일컬을 수 있겠네요.

예문 만들기

예 경시대회 전에 이 문제집을 푸는 것으로 **화룡점정**을 하십시오.

예 와플의 **화룡점정**은 바로 생크림이지! 잔뜩 뿌려!

예 야구 경기의 **화룡점정**은 홈런이다.

비슷한 뜻의 관용구

대미를 장식하다. 대미(大尾 : 大 클 대, 尾 꼬리 미)

대미란 맨 마지막을 뜻하는 말이에요. '대미를 장식하다'는 맨 끝을 잘 맺어 마무리했다는 뜻입니다.

반대 뜻의 고사성어

사족(蛇足 : 蛇 뱀 사, 足 발 족)

사족은 뱀의 발이라는 뜻인데, 원래 발이 없는 뱀에 발을 그리는 것은 쓸데없는 것이죠. 쓸데없는 것을 덧붙여 일을 오히려 망칠 때 쓰는 말입니다.

⊘ 비슷한 뜻의 속담

구슬이 서 말이라도 꿰어야 보배.

아무리 좋은 것이라도 쓸모 있게 만들어 놓아야 값어치가 있다는 뜻이에요. '말'은 부피를 재는 단위로, 18리터 정도의 양입니다. 서 말이나 되는 구슬도 알알이 흩어져 굴러다니면 아무짝에도 쓸모가 없어요. 잘 꿰어서 목걸이로 만들어야 가치가 있습니다.

서른네 번째 고사성어

고진감래 苦盡甘來

苦 쓸 고, **盡 다할** 진, **甘 달** 감, **來 올** 래

쓴 것이 다하면 단 것이 온다는 뜻

중요도: ◆◆◆

"엄마, 공부하기 힘들어요."

"고진감래라고, 힘들게 공부하고 나면 좋은 일이 올 거야."

"아빠도 공부를 잘했지만 지금도 회사에서 공부만 하고 일만 하시잖아요. **고진감래**가 아니라 고진고래 같아요."

"공부를 안 했다면 더 힘들었을 거야. 회사에서 일하면서 힘들지만 좋은 점도 많단다. 여보, 그렇죠?"

"그, 그렇긴 하지만……."

고사성어 뜻 이해하기

조선의 3대 명필 가운데 한 사람인 한호는 어릴 때 아버지를 잃었어요. 집이 가난했던 한호는 글을 배우고 싶었지만, 서당에 다닐 엄두조차 내지 못했고, 먹과 종이를 살 돈이 없었어요. 그래서 한호는 돌 위에 물 묻은 손가락으로 글씨 쓰는 연습을 하면서 혼자 열심히 공부했답니다. 매일 피나는 노력을 한 덕분에 한호는 훗날 조선 최고의 명필이 될 수 있었어요. 고진감래는 이런 때 쓰는 말이에요. 용두사미가 되지 않도록 노력하다 보면 고진감래의 결과가 올 거예요.

예문 만들기

예 영희는 훌륭한 피겨 스케이팅 선수가 되었다. **고진감래**라고, 어릴 때부터 매일 연습한 결과이다.

예 **고진감래**라고, 열심히 공부하고 준비한 끝에 나는 영어 경시대회에서 상을 받았다.

예 **고진감래**라고 했으니, 반드시 좋은 날이 올 거야.

반대 뜻의 고사성어

흥진비래(興盡悲來 : 興 일어날 흥, 盡 다할 진, 悲 슬플 비, 來 올 래)

즐거운 일이 다하면 슬픈 일이 온다는 뜻이에요. 고생 끝에 좋은 일이 온다는 고진감래와는 반대죠. 세상일이 좋을 때가 있으면 나쁠 때도 있으니, 잘된다고 너무 자만하지 말라는 의미랍니다.

비슷한 뜻의 속담

고생 끝에 낙이 온다.

'낙 樂'이란 즐거움이나 재미를 뜻해요. 어려운 일을 겪고 난 뒤에는 좋은 일이 생긴다는 말이니, 고진감래와 같은 뜻이죠.

서른다섯 번째 고사성어

군계일학 群鷄一鶴

群 무리 군, 鷄 닭 계, 一 한 일, 鶴 학 학

무리 지어 있는 닭 가운데 있는 한 마리의 학이라는 뜻으로
여러 평범한 사람들 가운데 뛰어난 한 사람을 이르는 말

중요도: ◆◆◆

"오늘 〈소년즈플래닛〉 하는 날이야!"

"너는 누가 1위할 거 같아?"

"당연히 우리 오빠지! 딱 봐도 **군계일학** 아니니?"

"글쎄. 난 잘 모르겠는데. 다들 학처럼 보여서 말이지."

"제대로 봐. 우리 오빠 말고 누가 학이니? 다들 닭이지."

고사성어 뜻 이해하기

옛날에 '죽림칠현'이라 불리는 일곱 명의 선비가 있었어요. 그런데 그중 한 사람인 혜강은 억울한 누명을 쓰고 죽고 말았어요. 혜강에게는 혜소라는 아들이 있었는데, 혜소는 총명했지만 아버지가 죄인이어서 벼슬에 나갈 수가 없었지요. 이런 사정을 안 혜강의 친구는 황제에게 혜소를 관직에 등용할 것을 간청했어요. 혜소가 황제를 만나러 궁궐로 들어서자 한 사람이 말했어요. "혜소는 닭의 무리 속에 있는 한 마리의 학과 같구나." 이후 혜소는 자신의 성품대로 올곧게 처신해서 황제를 잘 보필하는 신하가 되었습니다. 군계일학은 이때 이후로 많은 사람 중 뛰어난 한 사람을 가리킬 때 쓰이게 되었답니다.

예문 만들기

예 공개 수업에 갔는데 우리 딸이 아주 **군계일학**이더라고.

예 오늘 운동회에서 내가 이어달리기 마지막 주자로 우리 팀을 우승으로 이끌었다. 그러자 다들 나에게 **군계일학**이었다고 칭찬했다.

예 친구 결혼식에 갔는데 한 여자가 **군계일학**으로 빛나더구나. 그래서 만나게 되었는데, 그 사람이 바로 지금의 너희 엄마란다.

비슷한 뜻의 고사성어

낭중지추(囊中之錐 : 囊 주머니 낭, 中 가운데 중, 之 어조사 지, 錐 송곳 추)

주머니 속의 송곳이라는 뜻으로, 뾰족한 송곳은 가만히 있어도 반드시 어딘가로 뚫고 비어져 나오듯이, 뛰어난 재능을 가진 사람은 남의 눈에 띈다는 것을 비유하는 말이에요.

반대 뜻의 고사성어

장삼이사(張三李四 : 張 성씨 장, 三 석 삼, 李 성씨 이, 四 넉 사)

장 씨의 셋째 아들과 이 씨의 넷째 아들이란 뜻으로 특별하지 않은 평범한 사람을 이를 때 사용하는 고사성어예요. 옛날 중국에는 열 명 중에 셋은 장 씨, 넷은 이 씨였을 만큼 장 씨와 이 씨 성을 가진 사람이 많았어요. 그래서 그만큼 흔하고 평범하다는 뜻으로 사용한답니다.

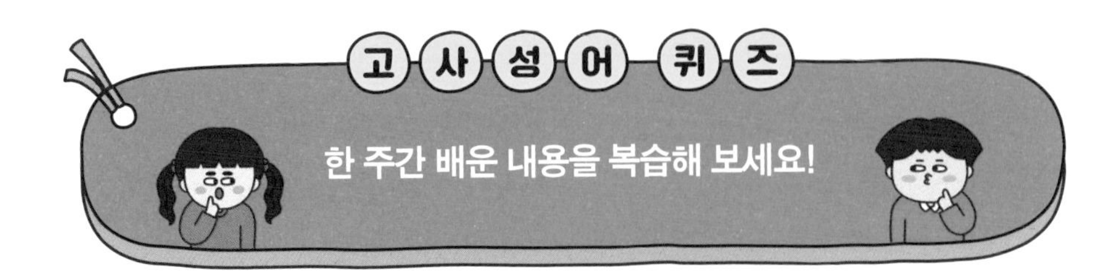

뜻 보고 고사성어 빈칸 채우기

1. [ ][ ] 사미 : 머리는 용이고 꼬리는 뱀이라는 뜻으로 시작은 좋았지만 갈수록 나빠지는 것을 이르는 말.

2. 화룡 [ ][ ] : 용 그림을 그린 뒤 눈동자에 점을 찍는다는 뜻으로 어떤 일을 할 때 가장 중요한 부분을 끝내고 완성한다는 말.

3. 흥진 [ ][ ] : 즐거운 일이 다하면 슬픈 일이 온다는 뜻.

4. [ ][ ] 취물 : 주머니 속의 물건을 꺼내 가진다는 뜻으로, 손쉽게 얻을 수 있음을 이르는 말이에요.

5. 군계 [ ][ ] : 무리 지어 있는 닭 가운데 있는 한 마리의 학이라는 뜻으로 여러 평범한 사람들 가운데 뛰어난 한 사람을 이르는 말.

6. 여 [ ][ ] : 손바닥을 뒤집는 것처럼 쉬운 일을 이름.

예문과 초성 보고 고사성어 맞히기

1. 넌 ㅅ ㅈ ㅇ ㄱ 불만만 터뜨리는구나. 그럴 거면 가!
2. 수민이는 매번 말만 거창하고 끝에 가선 흐지부지되니까 ㅇ ㄷ ㅁ ㅁ 라고 할 수 있지.
3. 얘들아, ㅅ ㅈ 은 그만 달고 얼른 하던 거나 마저 하자.
4. 하 이것 참, 겸손해지고 싶어도 ㄴ ㅈ ㅈ ㅊ 라고 이 재능을 감출 수가 없는걸 어떻게 해?
5. ㄱ ㅈ ㄱ ㄹ 라고 힘들게 산 정상에 오른 뒤에 먹는 김밥 맛이 최고야.
6. 이런 인형은 흔해, ㅈ ㅅ ㅇ ㅅ 라고. 그러니까 그만 울어. 새 인형 사 줄게, 응?

| **빈칸 채우기 정답** | 1. 용두 2. 점정 3. 비래 4. 낭중 5. 일학 6. 반장

| **초성 맞히기 정답** | 1. 시종일관 2. 유두무미 3. 사족 4. 낭중지추 5. 고진감래 6. 장삼이사

8주 차

서른여섯 번째 고사성어

사면초가 四面楚歌

四 넉 사, 面 낯 면, 楚 초나라 초, 歌 노래 가

사방에서 들리는 초나라의 노래라는 뜻으로
적에게 둘러싸이거나 아무 도움도 받을 수 없는 상태에 빠짐을 이르는 말

중요도: ◆◆◆

"선생님, 진짜로 제가 안 그랬어요."

"주니 네가 먼저 유니 괴롭혔잖아!"

"맞아. 우리가 다 봤어."

"주니 너는 나도 때렸잖아!"

철수도 말했어요.

"맞아. 주니가 못살게 굴지 않은 애가 있긴 해?"

"휴, **사면초가**가 따로 없네."

고사성어 뜻 이해하기

초나라 항우와 한나라 유방이 천하를 놓고 다투던 때의 이야기입니다. 항우는 계속 쫓기다가 유방과 한나라 군사들에게 완전히 포위되었어요. 초나라 군대는 궁지에 몰렸지만, 항우가 워낙 용맹해서 쉽게 사로잡지 못했고, 싸움이 끝나지 않았어요. 싸움이 이어지던 어느 날, 한나라의 최고 지략가 장량이 작전을 짰어요.

그날 밤부터 날마다 초나라 노랫소리가 사방에 울려 퍼졌습니다. 어느 날, 군사를 돌아보던 항우는 몹시 놀랐어요.

"아니, 도대체 누가 부르는 노래냐?"

"한나라가 꾀를 써서 항복한 우리 초나라 군사들에게 노래를 부르게 한 듯합니다."

항우는 하늘을 우러러 탄식했어요.

"아, 들려오는 초나라 노랫소리에 우리 군사들 마음이 흔들리겠지. 저 구슬픈 노랫소리가 백만 대군보다 더 무섭구나."

오랜 싸움에 지친 초나라 군사들은 노래를 듣자 온몸에 힘이 쭉 빠졌어요. 그리고 모두 고향 생각에 젖어 눈물을 흘렸습니다.

초나라 군사들은 싸울 의욕을 잃어버린 채, 하나둘씩 도망쳤어요. 그렇게 군사들을 잃어버린 항우는 이 싸움에서 결국 패하고 말았납니다. 여기에서 유래한 사면초가는 "사방에 초나라 노래가 가득하다"라는 뜻으로, 주위에 온통 자기를 노리는 사람이 들끓고 있다는 의미입니다.

예문 만들기

예 지금 우리 회사는 **사면초가**에 처해 있어요. 그래서 더욱 열심히 일해야 합니다.

예 오늘 술래잡기를 했다. 내가 마지막까지 남아 있었는데, 막다른 골목으로 술래가 쫓아와 **사면초가**가 되어 결국 잡히고 말았다.

예 부모님, 학교 선생님, 학원 선생님이 모두 나를 혼내는 지금 이 상황이 나에게는 **사면초가**다.

⊘ 비슷한 뜻의 고사성어

진퇴양난(進退兩難 : 進 나아갈 진, 退 물러설 퇴, 兩 두 양, 難 어려울 난)

나아갈 수도 없고 물러설 수도 없다는 뜻으로, 어쩔 도리가 없는 힘든 상황을 말합니다.

⊘ 반대 뜻의 고사성어

태평성대(太平聖代 : 太 클 태, 平 평탄할 평, 聖 성스러울 성, 代 시대 대)

어진 군주가 다스리는 태평한 시대, 더할 나위 없이 편하게 지내는 시대라는 뜻이니, 힘든 때를 뜻하는 사면초가와는 정확히 반대되는 상황이죠.

⊘ 비슷한 뜻의 속담

가자니 태산이요, 돌아서자니 숭산이라.

'태산'과 '숭산'은 중국의 큰 산이에요. 앞뒤에 큰 산이 있어 앞으로 나아가지도 뒤로 물러서지도 못하는 상황이라는 것이니, 이러지도 못하고 저러지도 못하는 난처한 처지에 빠졌다는 뜻입니다.

서른일곱 번째 고사성어

풍전등화 風前燈火

風 **바람** 풍, **前** **앞** 전, **燈** **등** 등, **火** **불** 화

바람 앞의 등불이란 뜻으로
오래 견디기 힘든 자리에 놓여 있음을 이르는 말

중요도: ◆◆◆

"너 괜찮아?" 주니의 친구 대영이는 주니에게 말했어요.

"아니. 지금 내 상태는 **풍전등화**야. 어떻게 민이가 날 찰 수 있지?"

"힘내."

"힘은 무슨…. 난 곧 바람에 꺼질 것 같아."

그때 주니에게 유니가 다가왔어요.

"주니야. 너 민이랑 헤어졌다며? 나랑 사귀는 건 어때?"

"응? 너무 갑작스러운데…. 새, 생각 좀 해 보고."

말과 달리 주니는 환하게 웃으면서 유니와 함께 놀이터로 갔어요.

"**풍전등화**라더니 무슨. 바람처럼 날아가네, 아주."

고사성어 뜻 이해하기

바람 앞에 등불이 있으면 곧 꺼질 듯이 위태로울 거예요. 그런 모습을 머릿속으로 그려 보면 힘든 상황을 이해할 수 있겠죠. 사면초가와 풍전등화 모두 위태로운 상황을 말합니다.

예문 만들기

예 지금 우리나라의 운명이 **풍전등화**와 같구나.

예 엄마가 아프다는 말을 듣고 내 마음은 **풍전등화**처럼 위태로웠다.

예 곧 역전당할 것 같은 분위기가 감돌자 우리 팀은 **풍전등화**처럼 위태로워졌다.

비슷한 뜻의 고사성어

일촉즉발(一觸卽發 : 一 한 일, 觸 닿을 촉, 卽 곧 즉, 發 쏠 발)

한번 닿기만 하면 터져 버릴 듯 위험한 상황. '일촉즉발의 위기'라는 표현으로 자주 쓰여요.

반대 뜻의 고사성어

탄탄대로(坦坦大路 : 坦 평평할 탄, 坦 평평할 탄, 大 클 대, 路 길 로)

앞에 아무런 장애물도 없이 평탄하고 넓은 길을 뜻해요. 편하고 수월한 상황을 비유하는 말입니다.

비슷한 뜻의 속담

바람 앞의 등불

언제 꺼질지 모르는 바람 앞의 등불처럼 매우 위태로운 처지를 비유하는 말이에요. 풍전등화와 뜻이 완전히 같은 속담이에요.

서른여덟 번째 고사성어

십시일반 十匙一飯

十 열 십, **匙 숟가락** 시, **一 한** 일, **飯 밥** 반

열 숟가락으로 한 그릇 밥을 만듦
여러 사람이 힘을 합하면 한 사람을 돕기 쉽다는 말

중요도: ◆◆◆

"선생님, 저 색종이를 안 가져왔어요."

"그래? 오늘 수업 시간에 만들기를 하려면 열 장이 필요한데. 친구들이 남은 색종이 한 장씩만 유니에게 빌려줄까?"

친구들은 색종이를 한 장씩 유니에게 주었어요.

"이게 바로 **십시일반**이라고 하는 거야. 우리 반 친구들의 따뜻한 마음이 정말 보기 좋구나."

하지만 며칠 뒤,

"내일 찰흙 필요한데. 아, 귀찮다. **십시일반**해 주겠지? 그냥 가자."

유니는 이번엔 일부러 준비를 안 해 갔어요.

"선생님, 저 깜빡하고 찰흙을 안 가져 왔어요."

하지만 이번에는 아무도 빌려 주려 하지 않았어요.

고사성어 뜻 이해하기

"내가 점심을 못 싸 와서…."

사면초가, 풍전등화의 상황에서는 서로 십시일반해서 문제를 해결해 나가야 하겠지요?

◎ 예문 만들기

예 홍수가 나서 수재민 돕기 성금을 **십시일반**으로 모아 도와주었다.

예 현장 체험 학습에 도시락을 못 싸 온 친구를 위해 **십시일반**으로 김밥을 하나씩 모아 주었다.

예 **십시일반**으로 일을 해서 더 빨리 즐거운 시간을 보낼 수 있었다.

◎ 비슷한 뜻의 고사성어

상부상조(相扶相助 : 相 서로 상, 扶 도울 부, 相 서로 상, 助 도울 조)

서로서로 돕고 의지한다는 뜻이에요.

◎ 반대 뜻의 고사성어

아전인수(我田引水 : 我 나 아, 田 밭 전, 引 끌 인, 水 물 수)

가뭄이 들어 모든 논에 물이 없을 때 물길을 자기 논으로 끌어와 모든 물을 가져간다면 어떨까요? 바로 그런 상황에서 쓰는 표현입니다. 자기 이익만 생각한다는 뜻으로, 십시일반과는 정반대지요.

◎ 비슷한 뜻의 속담

백지장도 맞들면 낫다.

아무리 쉬운 일이라도 서로 힘을 합하면 훨씬 쉽다는 뜻이에요. '백지장'은 흰 종이 한 장을 말해요. '맞들다'란 마주 든다는 말이고요.

서른아홉 번째 고사성어

사상누각 沙上樓閣

沙 모래 사, 上 위 상, 樓 다락 루, 閣 집 각

모래 위에 지은 누대와 전각
기초가 약하여 오래가지 못하는 것을 뜻함

중요도: ◆◆◆

"너 몇 학년 문제집 풀어?" 주니가 유니에게 물었다.

"난 6학년 문제집 푼다!"

"겨우? 나는 중학교 문제집 푸는데!"

유니와 주니가 수다를 떨고 있던 와중에 수업 종이 쳤어요.

"자, 다들 자리에 앉아요."

"이 문제를 풀어 보세요."

선생님이 교과서에 나오는 문제를 풀도록 시간을 주었는데, 유니도 주니도 5학년 교과서에 있는 문제조차 풀지 못했어요.

"개념은 이해하지 못했으면서 자기 학년보다 높은 문제집만 풀어 봐야 **사상누각**이나 다름없어요."

선생님은 개념을 정확하게 이해해야 한다고 말씀하셨어요.

고사성어 뜻 이해하기

누각이란 사방을 바라볼 수 있도록 문과 벽이 없이 다락처럼 높이 지은 집을 말해요. 모래 위에 지어져 있는 누각은 곧 무너져 내릴 수밖에 없을 거예요. 그래서 사상누각이란 겉모양은 그럴듯하나 기초가 부실해 곧 무너지고 말 이론이나 사물 등을 가리킵니다. 사상누각은 언제든 풍전등화의 상태가 될 수 있어요.

예문 만들기

예 책은 읽지도 않고 논술 학원만 다니면 **사상누각**이 될 수 있다.

예 학생을 중심으로 하지 않은 교육에 대한 논의는 **사상누각**이다.

예 단골손님도 없는 상태로 무작정 가게만 확장하면 **사상누각**이 될 수 있다.

비슷한 뜻의 고사성어

공중누각(空中樓閣 : 空 빌 공, 中 가운데 중, 樓 다락 루, 閣 집 각)

말 그대로 허공에 지어진 누각이라는 뜻으로, 쓸데없는 논의, 내용 없는 문장, 가능하지 않은 작업 등을 두루 나타내는 표현입니다.

반대 뜻의 고사성어

철옹산성(鐵瓮山城 : 鐵 쇠 철, 瓮 항아리 옹, 山 메 산, 城 성 성)

쇠로 만든 항아리처럼 견고한 성이란 뜻으로 어떤 강한 힘으로도 무너지지 않도록 방비나 단결이 튼튼한 상태를 가리키는 말이에요. 철옹성이라고도 합니다.

마흔 번째 고사성어

동병상련 同病相憐

同 한가지 동, **病 병** 병, **相 서로** 상, **憐 불쌍히 여길** 련

같은 병을 앓고 있는 사람끼리 서로 불쌍히 여김

중요도: ◆◆◆

"어? 유니야, 너 이 시간에 왜 밖에 나왔어?"

"주니 넌 저녁 안 먹고 왜 놀이터에 왔대?"

"오늘 학원 숙제를 안 해서 선생님이 엄마한테 전화하시는 바람에 혼났어. 그래서 잠시 밖에 바람 좀 쐬려고 나왔어."

"그랬구나. 나도 오늘 영어 단어 시험을 망쳐서 부모님한테 혼났더니 집에 들어가기 싫더라고."

"**동병상련**이네. 우리 오락실 갔다가 집에 갈래?"

"그러자!"

고사성어 뜻 이해하기

초나라 사람인 오자서는 간신들의 손에 아버지와 형을 잃었어요. 이후 오나라로 망명한 오자서는 왕의 신임을 얻어 아버지와 형의 원수를 갚았답니다. 그 무렵, 초나라 간신들의 손에 아버지를 잃은 백비가 오나라로 망명을 했어요. 오자서는 같은 처지에 처한 백비를 도와주고 싶은 마음이 간절했어요. 그래서 주위의 반대에도 불구하고 그를 높은 벼슬에 오르게 했지요.

이처럼 동병상련은 어려운 처지에 있는 사람끼리 서로 가엾게 여기고 돕는 것을 말합니다.

하지만 훗날 오나라와 월나라가 크게 싸우게 되었을 때 백비는 월나라에게 뇌물을 받고 오자서를 모함에 빠뜨려 죽이고 맙니다. 결국, 백비는 은혜를 원수로 갚은 사람이 되고 말았습니다.

예문 만들기

예 내가 보육원에 봉사 활동을 가는 이유는 아이들에게 **동병상련**을 느껴서야. 우리 부모님이 일찍 돌아가셔서 나도 외롭게 자랐거든.

예 홍수로 인해 집이 없어진 사람들을 보며 **동병상련**을 느꼈다.

예 남자친구에게 차이고 나서, 나는 얼마 전에 남자친구에게 차였던 지수에게 전화했다. 지수는 나에게 **동병상련**이라고 말했다.

비슷한 뜻의 고사성어

동고동락(同苦同樂 : 同 한가지 동, 苦 쓸 고, 同 한가지 동, 樂 즐길 락)

괴로움과 즐거움을 함께한다는 뜻으로, 같이 고생하고 같이 즐긴다는 뜻이에요. 함께 같은 감정을 느낀다는 점에서 동병상련과 비슷하다고 할 수 있어요.

반대 뜻의 고사성어

동상이몽(同床異夢 : 同 한가지 동, 床 평상 상, 異 다를 이, 夢 꿈 몽)

같은 침상에서 서로 다른 꿈을 꾼다는 뜻으로, 겉으로는 같이 행동하지만 속으로는 각기 다른 생각을 하는 것을 이르는 말이에요. 같은 입장인데도 목표가 저마다 다름을 비유하는 말로 쓰기도 해요. 같은 아픔을 지녔다는 동병상련과는 다른 뜻이죠.

비슷한 뜻의 속담

과부 설움은 과부(홀아비)가 안다.

과부는 남편이 일찍 죽고 남은 아내, 홀아비는 아내가 일찍 죽고 남은 남편을 말해요. 남의 힘든 상황은 직접 그 일을 당해 보았거나 그와 비슷한 처지에 놓여 있는 사람이 잘 알 수 있다는 것을 비유적으로 이르는 말입니다.

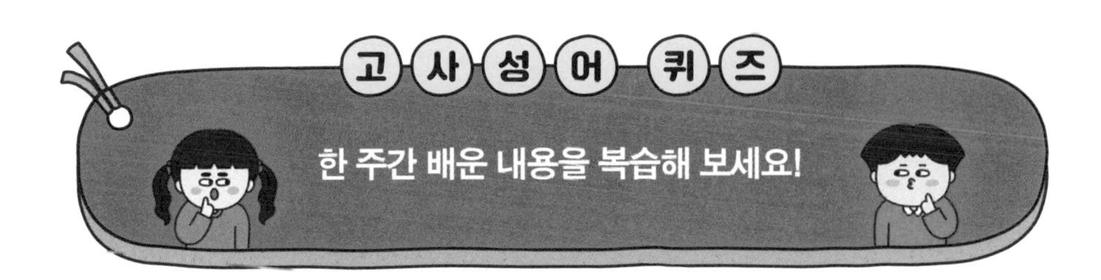

뜻 보고 고사성어 빈칸 채우기

1. [|] **산성** : 쇠로 만든 항아리처럼 견고한 성이란 뜻으로 어떤 강한 힘으로도 무너지지 않도록 방비나 단결이 튼튼한 상태를 가리키는 말.

2. **진퇴** [|] : 나아갈 수도 없고 물러설 수도 없다는 뜻으로, 어쩔 도리가 없는 힘든 상황.

3. **상부** [|] : 서로서로 돕고 의지한다는 뜻.

4. [|] **누각** : 말 그대로 허공에 지어진 누각이라는 뜻으로, 쓸데없는 논의, 가능하지 않은 작업 등을 두루 나타내는 표현.

5. **사면** [|] : 사방에 초나라의 노래라는 뜻으로 적에게 둘러싸이거나 아무 도움도 받을 수 없는 상태에 빠짐을 이르는 말.

예문과 초성 보고 고사성어 맞히기

1. ㅇ ㅊ ㅈ ㅂ의 상황에서 재민이의 기지가 빛을 발해 문제없이 해결되었다.
2. ㅇ ㅈ ㅇ ㅅ도 정도껏이지. 너 너무 이기적인 거 아니니?
3. 주호야 너도 차였니? 나도 차였어. ㄷ ㅂ ㅅ ㄹ이라고 우리라도 서로 위로를 해야지.
4. 혜민이와 나는 둘 다 수행평가 일등을 목표로 했지만 나는 일등을 하면 게임기를 사 주겠다는 엄마 말 때문이었고 혜민이는 그냥 성적을 잘 받고 싶어서였다. ㄷ ㅅ ㅇ ㅁ인 셈이었다.
5. 엄마가 기분이 좋아서 화를 안 내니 이렇게 평화로울 수가 없구나. 이게 ㅌ ㅍ ㅅ ㄷ가 아니면 뭐겠어?
6. 준희와 나는 ㄷ ㄱ ㄷ ㄹ한 사이라 아주 친한 친구라고 할 수 있다.

| **빈칸 채우기 정답** | 1. 철옹 2. 양난 3. 상조 4. 공중 5. 초가

| **초성 맞히기 정답** | 1. 일촉즉발 2. 아전인수 3. 동병상련 4. 동상이몽 5. 태평성대 6. 동고동락

9주 차

마흔한 번째 고사성어

새옹지마 塞翁之馬

塞 변방 새, **翁 늙은이** 옹, **之 어조사** 지, **馬 말** 마

변방 노인의 말처럼 복이 화가 되기도 하고 화가 복이 될 수도 있다는 뜻

중요도: ◆◆◆

"어제 계단에서 넘어져서 다리가 부러져서 깁스를 했어."

"저런, 어떡해."

"그래서 오늘부터 짝꿍인 주니가 급식도 떠다 주고, 가방도 들어 줬어."

"어머! 너 오래전부터 주니 좋아하고 있었잖아."

"그러게 말이다. 이런 게 **새옹지마**인가 봐."

고사성어 뜻 이해하기

중국 국경 지방에 한 노인이 살고 있었습니다. 어느 날 노인이 기르던 말이 국경을 넘어 오랑캐 땅으로 도망쳤습니다. 이웃 주민들이 위로의 말을 전하자 노인은 "이 일이 복이 될지 누가 압니까?"라고 하며 태연한 표정을 지었습니다. 그로부터 몇 달이 지난 어느 날, 도망쳤던 말이 암말 한 필을 데리고 돌아왔습니다. 주민들은 "노인께서 말씀하신 그대로입니다."라고 하며 축하하였습니다. 그러나 노인은 "이게 화가 될지 누가 압니까?"라고 하며 기쁜 내색을 하지 않았습니다. 며칠 후 노인의 아들이 그 말을 타다가 낙마하여 다리가 부러지고 말았습니다. 이에 마을 사람들이 위로하자 노인은 역시 "이게 복이 될지도 모르는 일이오."라고 하며 표정을 바꾸지 않았습니다.

그로부터 얼마 지나지 않아 북방 오랑캐가 침략해 왔습니다. 나라에서는 젊은이들을 모두 전쟁에 나가서 싸우도록 끌고 나갔습니다. 그러나 노인의 아들은 다리가 부러진 까닭에 전장에 나가지 않아도 되었습니다.

새옹지마는 이처럼 좋은 일인 듯 보이지만 나중에 그것으로 인해 안 좋은 일이 일어날 수도 있고, 지금은 안 좋아 보이는 일도 나중에 좋은 일이 될 수도 있다는 의미입니다. 지금은 풍전등화와 같은 상황이라 해도, 그것이 언젠가는 새옹지마가 될 수도 있겠지요.

예문 만들기

예 **새옹지마**라더니, 잘못 들어선 길에서 엄청난 맛집을 발견했다.

예 비행기를 놓쳐서 속상했는데 **새옹지마**라고, 그 비행기가 사고가 났다.

예 미국에 못 가게 되어서 슬펐는데 **새옹지마**라고, 내가 더 가고 싶었던 영국에 가게 되었다.

비슷한 뜻의 고사성어

전화위복(轉禍爲福 : 轉 바꿀 전, 禍 재앙 화, 爲 될 위, 福 복 복)

화가 바뀌어 오히려 복이 된다는 뜻으로, 불행한 일이라도 노력하면 행복한 일로 바뀔 수 있다는 말입니다.

⊘ 반대 뜻의 고사성어

호사다마(好事多魔 : 好 좋을 호, 事 일 사, 多 많을 다, 魔 마귀 마)

좋은 일에는 탈이 많다는 뜻으로, 좋은 일이 일어난다 해도 방심하지 말라는 표현이에요.

⊘ 비슷한 뜻의 속담

음지가 양지 되고 양지가 음지 된다.

음지는 해가 들지 않는 그늘진 곳이고 양지는 햇볕이 잘 드는 곳이지요. 음지가 양지가 된다는 것은 어둡고 나쁜 일이 좋은 일로 바뀐다는 뜻이에요. 음지가 양지 되고 양지가 음지 된다는 것은 새옹지마와 같은 뜻으로, 결국 세상의 모든 일은 돌고 돈다는 뜻이지요.

마흔두 번째 고사성어

당랑거철 螳螂拒轍

螳 사마귀 당, **螂 사마귀** 랑, **拒 막을** 거, **轍 바큇자국** 철

사마귀가 앞발로 수레바퀴를 버티어 막는다는 뜻으로 자기 기량도 모르고 강적에게 덤벼드는 무모함 또는 어처구니없는 허세를 꼬집는 말

중요도: ◆◆◆

"나랑 싸우자!"

"**당랑거철**이구나. 내가 무슨 띠인 줄이나 알아?"

"검은 띠지."

"그래. 나는 검은 띠고 너는 흰 띠야. 그런데도 태권도 대결을 하자는 거야?"

"길고 짧은 건 대봐야 아는 거야!"

고사성어 뜻 이해하기

춘추 시대에 제나라 장왕이 어느 날 수레를 타고 사냥터로 가다가 희한한 장면을 보게 되었습니다. 괴상하게 생긴 커다란 벌레 한 마리가 길 한복판에 버티고 서서 긴 앞발을 번쩍 쳐들어 장왕이 탄 수레의 바퀴를 막으려는 자세를 취하는 것이었지요. 장왕은 얼른 수레를 멈추라고 명하고, 그 신기한 벌레의 이름이 무엇인지 신하에게 물었습니다.

"사마귀라고 하는 벌레입니다. 앞으로 나아갈 줄만 알 뿐 물러설 줄을 모르고, 제 힘이 어느 정도인지도 모른 채 강적에게 마구 달려드는 어리석은 놈이지요."

신하의 이야기를 들은 장왕이 호탕하게 웃으면서 한참 만족스러

위 하다가 말했어요.

"그런가. 하지만 저 사마귀란 놈이 만일 사람이었다면 천하제일의 용사가 되었을 것이 틀림없구나. 비록 하찮은 미물이긴 하나 용기 하나는 칭찬할 만하니, 수레를 돌려서 피해 가도록 하라."

이 이야기에서 자기의 힘은 헤아리지 않고 강자에게 함부로 덤빈다는 뜻의 **당랑거철**이라는 말이 유래되었습니다.

예문 만들기

예 우리 학교의 수학왕인 진영이가 수학 경시대회에 참가하는데 내가 진영이를 이기는 것을 목표로 나가는 것은 **당랑거철**이나 다름없을지 모른다.

예 그런 큰 닭갈비집 앞에 같은 닭갈비집을 차리는 건 **당랑거철**이다.

예 동생은 **당랑거철**인지도 모르고 나에게 자꾸 시비를 걸었다.

비슷한 뜻의 고사성어

구상유취(口尙乳臭 : 口 입 구, 尙 오히려 상, 乳 젖 유, 臭 냄새 취)

입에서 아직 젖내가 난다는 뜻으로 상대가 아직 어릴 때, 또는 상대를 얕보고 하는 말이에요. 당랑거철에서 사마귀가 구상유취라고 할 수 있지요.

반대 뜻의 고사성어

지피지기(知彼知己 : 知 알 지, 彼 저 피, 知 알 지, 己 몸 기)

적을 알고 나를 알아야 한다는 뜻으로, 적의 형편과 나의 형편을 자세히 알아야 한다는 의미예요. 상내나 자신의 형편을 모르고 무조건 덤비는 당랑거철과는 다른 태도랍니다.

마흔세 번째 고사성어

단도직입 單刀直入

單 홑 단, 刀 칼 도, 直 곧을 직, 入 들 입

칼 한 자루를 들고 혼자 적진을 향해 거침없이 쳐들어간다는 뜻으로
대화할 때 곧바로 요점을 말하는 상황을 이르는 말

중요도: ◆◆◆

"유니야, 난 너 좋은데, 넌 나 어때?"

"뭐? 난 너 싫어."

"너무 단호하게 말하는 거 아니야? 왜?"

"**단도직입**직으로 말할게. 책 좀 많이 읽어. 무식해."

"악, 너무해!"

고사성어 뜻 이해하기

옛날에 한 스님이 있었는데, 그 스님이 사람들에게 이렇게 말했습니다.

"만일 어떤 이가 장수로 싸움에 나서려고 하면 다른 것은 필요 없고, 칼 한 자루만 몸에 품고 적진에 쳐들어가라. 그리고 이런저런 말은 하지 마라."

스님의 말은 '이것이 부족하다', '저것이 필요하다' 같은 걱정은 모두 핑계라는 의미에요. 단도직입은 그런 생각조차 하지 말고 목표만 생각하고 노력하라는 말이지요.

앞에서 배웠던 당랑거철은 자신의 기량도 모르고 단도직입적으로 상대에게 덤비는 태도이겠지요?

예문 만들기

예 그 사람의 장점이자 단점은 너무 **단도직입**적으로 이야기한다는 거야.

예 **단도직입**적으로 말해서 난 이게 싫어.

예 **단도직입**적으로 말하는 것은 솔직한 것일까?

비슷한 뜻의 고사성어

거두절미(去頭截尾 : 去 버릴 거, 頭 머리 두, 截 끊을 절, 尾 꼬리 미)

머리는 버리고 꼬리는 끊어 버린다는 말로, 즉 요점만 남기고 나머지 부분은 모두 없애고 단도직입적으로 말하는 것을 의미합니다.

반대 뜻의 고사성어

애매모호(曖昧模糊 : 曖 희미할 애, 昧 어두울 매, 模 법 모, 糊 흐릿할 호)

희미하여 분명하지 못하다는 뜻이에요. 애매는 앞을 가리거니 새벽의 어두운 모습을 나타내는 표현입니다. 모호 또한 분명하지 않고 흐릿한 모습을 가리키는 표현이므로, 애매모호란 정말로 분명하지 않음을 나타내는 말입니다.

⊘ 반대 뜻의 우리말

번죽을 울리다.

어떤 것에 대해 직접적으로 말하기 껄끄러울 때 요점을 말하지 않고 그와 관련된 이야기만 빙빙 돌려서 언급하는 것을 말합니다. '변죽'은 그릇이나 물건의 가장자리를 말해요. 변죽을 울리면 핵심인 가운데가 아닌 가장자리가 울리게 되는 것이죠. 그러므로 관련된 이야기만 에둘러 하는 것을 말하는 것입니다.

마흔네 번째 고사성어

호가호위 狐假虎威

狐 여우 호, **假 거짓** 가, **虎 범** 호, **威 위엄** 위

여우가 호랑이의 위엄을 빌려 세도를 부리는 모습

중요도: ◆

"야, 정석이는 괴롭히지 마."

"왜?"

"너 정석이 형이 누군지 알아?"

"누군데?"

"여기 옆 중학교에서 제일 잘나가는 정식이 형이 정석이네 형이야."

"그게 뭐 어때서? 걔 형이 잘나가지, 정석이가 잘나가냐? 그런 걸 **호가호위**라고 하는 거야."

"오, 너 좀 멋지다?"

그때였어요. 누군가 진태를 불렀어요.

"김진태!"

"누구세요?"

"나 정석이 형이다. 너 나 좀 보자."

"도, 도망가자!"

진태는 걸음아 날 살려라, 하고 도망갔답니다.

고사성어 뜻 이해하기

옛날에 호랑이가 여우를 한 마리 잡았어요. 여우는 꼼짝없이 호랑이에게 잡아먹힐 판이었지요. 하지만 여우는 오히려 호기를 부리며 말했어요.

“잠깐, 나는 산신령에게 백수의 왕이 되어 숲을 다스리라는 명을 받았네. 만일 내 말이 거짓이라고 생각되거든 내 뒤를 따라와 보게. 모두 나를 피해 달아나는 것을 볼 수 있을 것이야.”

이 말을 들은 호랑이는 여우의 말대로 그 뒤를 따라가 보았어요. 그러자 정말 숲속 모든 동물이 여우를 보자마자 달아나는 것이 아닙니까? 사실은 여우 뒤에 있던 호랑이를 보고 달아난 것인데, 호랑이는 이를 알지 못하고 여우의 꾀에 넘어가고 말았지요. 호가호위란 이처럼 다른 사람의 세력을 빌려 위세를 부리는 것을 뜻하는 말이랍니다. 당랑거철이 자신의 힘이 부족한데도 일단 덤비는 거라면 호가호위는 남의 세력을 빌려 떵떵거리는 거예요.

예문 만들기

예 선생님께서 떠든 사람을 적어 놓으라고 했더니 반장 상혁이는 자기가 싫어하는 친구들의 이름을 잔뜩 적어 선생님께 일러바쳤다. **호가호위**가 따로 없다.

예 저 배우는 아빠가 배우라서 바로 주연을 맡는구나. **호가호위**네.

예 **호가호위**라더니 회장 아들이라고 자기 마음대로네. 아빠가 회장이지, 자기가 회장이야?

◎ 비슷한 뜻의 고사성어

지록위마(指鹿爲馬 : 指 가리킬 지, 鹿 사슴 록, 爲 위할 위, 馬 말 마)

사슴을 가리켜 말이라 한다는 뜻으로, 윗사람을 농락하여 권세를 휘두른다는 뜻이에요. 어리고 어리석은 호해를 황세로 올리고 자기 마음대로 권력을 휘두르던 조고는 사슴을 황제에게 바치며 "말입니다."라고 말했어요. 그러자 황제 호해는 "어찌 사슴을 말이라 하는가?"라면서 중신들을 둘러보며 말인지 사슴인지 말해 보라고 물었어요. 그러자 신하 대부분은 조고가 두려워서 말이라고 대답했고, 의지가 남아 있던 몇몇 사람만 사슴이라고 대답했어요. 그런데 조고는 사슴이라고 대답한 사람을 똑똑히 기억해 두었다가 나중에 죄를 씌워 죽여 버렸답니다. 호가호위와 지록위마는 둘 다 권력을 누리기 위해 거짓된 힘을 이용한다는 점에서 비슷하다고 할 수 있습니다.

◎ 반대 뜻의 고사성어

자력갱생(自力更生 : 自 스스로 자, 力 힘 력, 更 다시 갱, 生 날 생)

남의 도움 없이 스스로 어려움에서 벗어나 새로운 삶을 일굴 때 쓰는 표현입니다. 남의 권력을 빌리는 호가호위와는 달리, 자신의 힘으로 어려움에서 벗어난다는 의미죠.

⊘ 비슷한 뜻의 속담

호랑이 없는 골에 토끼가 왕 노릇 한다.

힘세고 뛰어난 사람이 없는 곳에서 보잘것없는 사람이 권력을 가진다는 말이에요. 같은 뜻으로 곡무호선생토(谷無虎先生兔 : 골짜기 곡, 없을 무, 범 호, 먼저 선, 날 생, 토끼 토)라는 말도 있어요.

마흔다섯 번째 고사성어

소탐대실 小貪大失

小 작을 소, **貪** 탐낼 탐, **大** 클 대, **失** 잃을 실

작은 이익에 정신을 팔다가 오히려 큰 손해를 보게 되는 어리석음

중요도: ◆◆◆

"이 의자를 사면 이 인형을 끼워 드려요."

"어머, 이 인형 너무 예쁘네요."

"그렇죠? 행운의 인형이에요. 손님께 행운을 가져다줄 거예요."

유니 엄마는 행운의 인형이 갖고 싶어서 10만 원이나 되는 의자를 샀다. 집으로 배달되어 온 의자를 보고 유니는 엄마께 말했다.

"엄마, 웬 의자예요?"

"응, 예뻐서 샀어."

"얼마예요?"

"10만 원."

유니는 의자 가격이 얼마인지 인터넷으로 검색해 보았다.

"엄마! 이 의자 똑같은 건데 인터넷에서 4만 원에 팔아요."

"뭐야? 괜히 인형을 준다고 해서 혹했네."

"이게 무슨 **소탐대실**이에요. 엄마…."

고사성어 뜻 이해하기

전국 시대에 진나라 혜왕이 촉나라를 공격하기 위해 계략을 짰습니다. 혜왕은 욕심이 많은 촉나라 왕을 이용해 촉나라를 공략하기로 했습니다. 혜왕은 신하의 제안대로 촉나라 왕을 속이기 위해서 먼저

산에서 집채만 한 옥을 캐어 황소를 조각했습니다. 다음은 그 안을 파서 돈과 비단을 잔뜩 넣고, 촉나라 왕한테 선사할 예물이라고 사람들에게 소문을 냈어요.

이 소문을 들은 촉나라 왕은 신하들의 간언을 듣지 않고 진나라 사신을 접견했습니다. 그리고 진나라 사신은 촉나라로 오는 길이 너무 좁고 불편해서 보물이 가득 들어 있는 황소를 가져오기 힘들다고 말했습니다. 그러자 촉나라 왕은 그날부터 백성들을 동원해 길을 넓히도록 했고, 노역에 끌려가 시달리게 된 백성들의 원망이 점차 높아졌습니다.

넓은 길이 생기고 나자 진나라 혜왕은 보물이 든 소와 함께 장병 수만 명을 촉나라로 보냈습니다. 넓은 길을 통해 몰려온 진나라 병사들은 숨겨 두었던 무기를 꺼내 촉을 공격하였고, 촉나라 왕은 사로잡히고 말았습니다. 촉나라 왕의 소탐대실이 나라를 잃게 만든 것입니다.

◎ 예문 만들기

예 그 음식점은 돈을 아끼기 위해 오래된 재료를 썼고, 그것을 알게 된 손님들은 더는 그 음식점에 가지 않았다. **소탐대실**이 따로 없었다.

예 지금 덥다고 해서 벌써 에어컨을 많이 틀면 결국 자연환경을 파괴하게 되니까, **소탐대실**일 수 있어.

예 나는 공책을 아끼려고 공책 하나에 모든 과목 필기를 다 했다. 그랬더니 나중에는 이것저것 섞이는 바람에 보기가 힘들어서 공부를 할 수 없었다. **소탐대실**이었다.

비슷한 뜻의 고사성어

교각살우(矯角殺牛 : 矯 바로잡을 교, 角 뿔 각, 殺 죽일 살, 牛 소 우)

소의 뿔 모양을 바로잡으려다가 소를 죽인다는 뜻으로, 작은 흠이나 결점을 고치려다가 도리어 일을 그르치는 것을 말합니다.

반대 뜻의 고사성어

사소취대(捨小取大 : 捨 버릴 사, 小 작을 소, 取 취할 취, 大 클 대)

작은 것은 버리고 큰 것을 취한다는 뜻이에요. 작은 이익을 탐하지 않고 더 크고 중요한 것에 의미를 둔다는 긍정적인 표현이지요.

비슷한 뜻의 속담

빈대 잡으려다 초가삼간 다 태운다.

빈대를 잡으려고 집을 태우는 것은 정말 어리석은 일이지요. 손해를 크게 본다는 생각을 못하고 자기에게 못마땅한 것을 없애려고 덤비기만 한다는 뜻이에요.

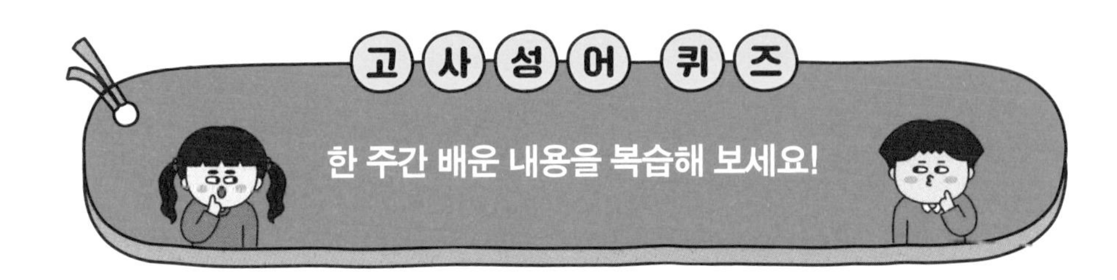

뜻 보고 고사성어 빈칸 채우기

1. ☐☐ 거철 : 사마귀가 앞발로 수레바퀴를 버티어 막는다는 뜻으로, 자기 기량도 모르고 강적에게 덤벼드는 무모함 또는 어처구니없는 허세를 꼬집는 말.

2. 단도 ☐☐ : 칼 한 자루를 들고 혼자 적진을 향해 거침없이 쳐들어간다는 뜻으로, 대화할 때 곧바로 요점을 말하는 상황을 이르는 말.

3. 지록 ☐☐ : 사슴을 가리켜 말이라 한다는 뜻으로, 윗사람을 농락하여 권세를 휘두른다는 뜻.

4. ☐☐ 살우 : 소의 뿔 모양을 바로잡으려다가 소를 죽인다는 뜻으로, 작은 흠이나 결점을 고치려다가 도리어 일을 그르치는 것을 말함.

예문과 초성 보고 고사성어 맞히기

1. ㅈ ㅍ ㅈ ㄱ면 백전백승이라고, 적부터 파악해야 이길 수 있어!
2. 상혁아, 상을 받은 건 무척 좋은 일이긴 한데 ㅎ ㅅ ㄷ ㅁ라는 말도 있으니 너무 방심하진 마.
3. 우산을 안 들고 온 덕에 내가 좋아하는 준형이랑 같은 우산을 쓰고 하교할 수 있었다. ㅈ ㅎ ㅇ ㅂ이 따로 없다.
4. 지원이는 항상 말을 너무 ㅇ ㅁ ㅁ ㅎ하게 하는 것 같아. 재현이처럼 확실하게 말하면 서로 편할 텐데.
5. 씨름 실력으로 따지면 유진이는 나한테 한참 안 되지. ㄱ ㅅ ㅇ ㅊ라고 할 수 있어.

| **빈칸 채우기 정답** | 1. 당랑 2. 직입 3. 위마 4. 교각

| **초성 맞히기 정답** | 1. 지피지기 2. 호사다마 3. 전화위복 4. 애매모호 5. 구상유취

10주 차

마흔여섯 번째 고사성어

교언영색 巧言令色

巧 공교할 교, **言 말씀** 언, **令 좋을** 영, **色 빛** 색

교묘한 말과 예쁘게 꾸민 얼굴빛이라는 뜻으로 다른 사람의 환심을 사기 위해 교묘하게 꾸며서 하는 말과 아첨하는 얼굴빛을 나타내는 말

중요도: ◆◆◆

"엄마, 이 로봇 사 주시면 앞으로 숙제도 열심히 하고 음식도 골고루 먹을게요."

"약속 꼭 지켜야 해."

엄마는 주니에게 비싼 로봇을 사 주셨어요. 하지만 로봇을 받고 나서도 주니는 달라지지 않았어요.

"주니야, 숙제해야지."

"조금만 있다가요."

"주니야, 골고루 먹어야지."

"싫어요. 너무 맛이 없어요."

"너 **교언영색**이었구나."

고사성어 뜻 이해하기

공자는 진심이 없이 말만 번지르르하게 하고 약삭빠른 사람을 어질지 않다고 봐서 싫어했습니다. 《논어》에 이런 말이 나옵니다.

"말을 교묘하게 둘러대고 얼굴빛을 좋게 꾸미는 사람 중에 어진 사람이 드물다."

이 말에서 유래된 것이 교언영색입니다.

◎ 예문 만들기

예 사기꾼은 **교언영색**으로 사람을 매혹하며 사기를 친다.

예 걔는 친구들 앞에서는 **교언영색**의 태도를 하고, 뒤로 가서는 험담 한다.

예 원래 물건을 팔 때는 **교언영색**으로 선전한다. 그래서 물건의 품질을 잘 살펴봐야 한다.

◎ 비슷한 뜻의 고사성어

감언이설(甘言利說 : 甘 달 감, 言 말씀 언, 利 이로울 이, 說 말씀 설)

달콤한 말과 이로운 말, 귀가 솔깃하도록 남의 비위를 맞추거나 이로운 조건을 내세워 꾀는 말을 뜻합니다.

◎ 반대 뜻의 고사성어

성심성의(誠心誠意 : 誠 정성 성, 心 마음 심, 誠 정성 성, 意 뜻 의)

참되고 성실한 마음과 뜻이라는 표현으로, 겉만 번지르르하게 말하는 교언영색과는 다른 태도이지요.

◎ 비슷한 뜻의 속담

눈 가리고 아웅

얕은수로 남을 속이려 한다는 말이에요.

마흔일곱 번째 고사성어

침소봉대 針小棒大

針 바늘 침, 小 작을 소, 棒 몽둥이 봉, 大 클 대

바늘처럼 작은 일을 몽둥이처럼 크게 부풀려 허풍을 떠는 모습

중요도: ◆◆◆

"유니야, 우리 집에 갈래?"

"아니."

"우리 집에 진짜 사람만 한 아이스크림 있어."

"어떻게 아이스크림이 사람만 하냐?"

"진짜야. 와서 보라니까."

유니는 사람만 한 아이스크림을 보려고 주니네 집에 갔어요.

그런데 아이스크림은 인형만 했어요.

"**침소봉대**네. 매번 너는 이런 식이구나?"

고사성어 뜻 이해하기

바늘처럼 작은 일을 몽둥이처럼 크게 부풀려서 이야기하는 것은 거짓으로 허풍을 떠는 거지요. 침소봉대는 허세를 부리는 것을 말하기도 하고, 소문이 부풀어 점점 커지게 되는 것을 말하기도 합니다.

예문 만들기

예 별것도 아닌데 좀 **침소봉대**해서 말하지 마.

예 사람들은 자기가 겪었던 일을 **침소봉대**해서 말하곤 한다.

예 자꾸 **침소봉대**해서 말하는 사람은 믿을 수가 없다.

비슷한 뜻의 고사성어

허장성세(虛張聲勢 : 虛 빌 허, 張 넓힐 장, 聲 소리 성, 勢 기세 세)

실속은 없이 허세만 부린다는 뜻이에요.

반대 뜻의 고사성어

명실상부(名實相符 : 名 이름 명, 實 열매 실, 相 서로 상, 符 부합할 부)

이름과 실제가 딱 맞아떨어짐. 겉과 속이 정확하게 들어맞는다는 뜻입니다.

비슷한 뜻의 속담

빈 수레가 요란하다.

빈 수레가 덜컹덜컹 소리가 요란하듯, 사람도 속에 든 것이 없고 잘 알지 못하는 사람이 아는 체하고 더 떠들어 댄다는 말이에요.

마흔여덟 번째 고사성어

부화뇌동 附和雷同

附 붙을 부, **和 화할** 화, **雷 우레** 뇌, **同 한가지** 동

우렛소리에 맞춰 함께한다는 뜻으로 자신의 뚜렷한 생각 없이 경솔하게 남의 의견에 따라 움직이는 태도를 이르는 말

중요도: ◆◆◆

"이번 학급 회의 안건은 현장 체험 학습 때 버스에서 어떻게 앉느냐에 대한 것입니다."

"저는 자기가 원하는 사람과 앉았으면 좋겠습니다."

"그러다 보면 소외되는 친구도 있을 수 있기 때문에 저는 제비뽑기를 했으면 좋겠습니다."

친구들은 자기 의견을 내놓기 시작했습니다. 그때 우리 반에서 가장 영향력 강한 현이가 일어났어요.

"이런 걸 학급 회의에서 의논해야 해? 그냥 그날 기분대로 앉아!"

"그래, 그래. 뭐 이런 것까지 정하려고 하냐?"

정식으로 의제를 올려서 학급 회의를 하고 있다가, 현이의 말에 다들 **부화뇌동**하는 바람에 학급 회의는 없던 일로 되어 버렸답니다.

고사성어 뜻 이해하기

중국 고대 경전인 《예기》의 〈곡례〉 편에는 이런 구절이 있습니다. "이야기에 움직이지 말고, 뇌동하지 마라. 반드시 옛 성현을 모범으로 삼아 이야기하라." 뇌동이란 우레가 치면 모든 사물이 덩달아 울리는 것을 말합니다. 따라서 남이 말하는 것을 듣고 사리를 따져 옳고 그름을 생각하지도 않은 채, 경솔하게 따라 하는 태도를 뇌동이라고 합니다. 원래는 뇌동만으로도 온전한 뜻인데, 나중에 '부화'란 말이 덧붙여졌다고 합니다. 누군가 침소봉대하여 말해도 부화뇌동하지 않아야겠죠?

예문 만들기

예 다들 분위기에 **부화뇌동**하지 말고, 신중해라.

예 그 회사는 이익만 좇아 **부화뇌동**하여 일을 벌인다.

예 친구들이 모두 피시방에 가자 나도 **부화뇌동**하여 따라갔다.

비슷한 뜻의 고사성어

여진여퇴(旅進旅退 : 旅 나그네 여, 進 나아갈 진, 旅 나그네 여, 退 물러날 퇴)

나란히 나아가고 나란히 물러선다는 뜻으로, 자기 의견 없이 남의 의견을 따르는 것을 일컫는 말입니다.

반대 뜻의 고사성어

독야청청(獨也青青 : 獨 홀로 독, 也 어조사 야, 青 푸를 청, 青 푸를 청)

홀로 푸르게 서 있는 모습으로, 모든 것이 변해도 결코 변하지 않으며 제 모습을 지키는 굳은 절개를 가리키는 말이에요. 겨울 산에 홀로 푸르게 서 있는 소나무에서 비롯된 표현입니다.

◎ 비슷한 뜻의 속담

친구 따라 강남 간다.

자기는 하고 싶지 않으나 남에게 끌려서 덩달아 하게 됨을 이르는 말입니다. 이 속담에 나오는 강남은 우리나라가 아니라, 중국의 양쯔강 남쪽 지방을 가리킵니다.

숭어가 뛰니까 망둥이도 뛴다.

망둥이는 숭어만큼 높이 뛰어오르지 못해요. 이 속담은 남이 한다고 하니까 자기도 덩달아 나서거나 자기 분수를 모르고 잘난 사람을 덮어놓고 따라 한다는 말이에요.

마흔아홉 번째 고사성어

중구난방 衆口難防

衆 **무리** 중, **口** **입** 구, **難** **어려울** 난, **防** **막을** 방

많은 사람이 제각기 자신의 의견을 내세워
한 가지 의견으로 통일되거나 합리적인 조정이 되지 않는 상황

중요도: ◆◆◆

"우리 반 분위기가 너무 안 좋구나. 그래서 이번에 단원 평가를 해서 성적순으로 자리에 앉도록 하겠다."

"선생님! 그런 게 어딨어요!"

"조용!"

성적순으로 앉으란 말에 학생들은 다들 **중구난방**으로 불만을 말하기 시작했어요.

"요즘 같은 시대에 무슨 성적순이야!"

"인권 침해야."

부모님들 역시 **중구난방**으로 학교에 불평불만을 전했고, 결국 선생님은 없던 일로 하기로 결정했어요.

고사성어 뜻 이해하기

중국 주나라의 왕인 여왕은 폭군이었어요. 자기를 비방하는 사람이 있으면 적발해서 죽였기 때문에, 신하들과 백성들은 공포정치에 질려 말도 제대로 할 수 없게 되었어요.

어느 날 여왕이 소공이라는 신하에게 말했어요.

"내 정치하는 솜씨가 어떻소? 나를 비방하는 자가 한 사람도 없지 않소."

"겨우 비방을 막은 것에 불과합니다. 백성의 입을 막는 것은 둑으로 물을 막는 것보다 더 어렵습니다. 물이 막히면 언젠가 둑을 무너뜨릴 것입니다. 백성의 입을 막는 것도 마찬가지입니다."

그러나 여왕은 소공의 충언을 듣지 않았고, 소공이 걱정했던 대로 마침내 신하들이 반기를 들자 이에 백성들이 호응하여 결국 추방을 당하는 처지가 되어 버렸어요.

중구난방이란 여러 사람이 마구 떠들어서 막기 어려운 상태를 뜻해요. 여왕의 정치에 백성들이 불만을 말하는 모습이 중구난방이었고 그 말을 막을 수 없었던 거죠. 요즘에는 정신없는 상태, 엉망인 상태를 표현할 때도 많이 쓰고 있어요.

예문 만들기

예 우리 반 친구들은 **중구난방**으로 떠들어 대고 있었다.

예 내가 쓴 일기는 **중구난방**이었나.

예 우리나라의 정치 모습을 보면 **중구난방**이다.

비슷한 뜻의 고사성어

천방지축(天方地軸 : 天 하늘 천, 方 방위 방, 地 땅 지, 軸 굴대 축)

하늘 방향이 어디이고 땅의 축이 어디인지 모른다는 뜻으로, 너무 바빠서 두서를 잡지 못하고 허둥대는 모습을 말해요.

반대 뜻의 고사성어

일목요연(一目瞭然 : 一 한 일, 目 눈 목, 瞭 밝을 요, 然 그러할 연)

한눈에 알아볼 수 있게 밝고 뚜렷함. 한 번만 보면 분명하게 알 수 있다는 뜻이죠. 잘 정돈되고 조리 있게 만들어진 것을 가리킬 때 사용하기도 합니다.

비슷한 뜻의 관용어

호떡집에 불난 것 같다.

호떡집에는 호떡을 먹으러 온 사람들이 많을 텐데, 불이 나면 무척 시끄럽고 난리가 나겠죠? 왁자지껄하게 떠들어 시끄럽다는 뜻으로 쓰는 표현입니다.

쉰 번째 고사성어

우후죽순 雨後竹筍

雨 비 우, 後 뒤 후, 竹 대나무 죽, 筍 죽순 순

비 온 뒤에 무성히 솟아나는 죽순처럼
어떤 일이 동시에 많이 일어나는 것을 뜻함

중요도: ◆◆◆

"우리 마카롱 사 먹으러 가자."

"마카롱 가게가 **우후죽순**으로 생겼는데, 어디로 가지?"

"아무리 많아도 낭중지추인 법! 나만 따라와."

유니와 주니는 **우후죽순**으로 있는 마카롱 가게 중에서 제일 초라한 곳으로 들어갔어요. 그런데 놀랍게도 정말 맛있었어요.

고사성어 뜻 이해하기

죽순은 대나무의 땅속줄기에서 솟아나는 연한 순을 가리킵니다. 그런데 비가 오고 나면 이 죽순이 여기저기에서 순식간에 쑥쑥 자라서 솟아나기 때문에 우후죽순이라는 표현이 생겼습니다.

중구난방은 여러 사람이 마구 떠들어서 정신없는 모양이고, 그에 비해 우후죽순은 여러 일이 동시에 일어나는 것을 말합니다.

예문 만들기

예 요즘 양꼬치집이 **우후죽순**으로 생기고 있어.

예 보이스피싱 사기를 당하는 사람이 **우후죽순**이라고 할 정도로 많다.

예 역사 논술 학원이 **우후죽순**으로 생기고 있다.

⊘ 비슷한 뜻의 고사성어

비일비재(非一非再 : 非 아닐 비, 一 한 일, 非 아닐 비, 再 거듭 재)

어떤 일이 하나둘이 아니라 수두룩함을 가리킵니다.

⊘ 반대 뜻의 고사성어

전대미문(前代未聞 : 前 앞 전, 代 시대 대, 未 아닐 미, 聞 들을 문)

지난 시대에는 들어 본 적이 없다는 뜻으로, 매우 놀랍거나 새로운 일을 이르는 말이에요.

뜻 보고 고사성어 빈칸 채우기

1. [|] **여퇴** : 나란히 나아가고 나란히 물러선다는 뜻으로, 자기 의견 없이 남의 의견을 따르는 것을 일컫는 말.

2. **부화** [|] : 우렛소리에 맞춰 함께한다는 뜻으로 자신의 뚜렷한 생각 없이 경솔하게 남의 의견에 따라 움직이는 태도를 이르는 말.

3. **독야** [|] : 홀로 푸르게 서 있는 모습으로, 모든 것이 변해도 결코 변하지 않으며 제 모습을 지키는 굳은 절개를 가리키는 말.

4. [|] **영색** : 교묘한 말과 예쁘게 꾸민 얼굴빛이라는 뜻으로 다른 사람의 환심을 사기 위해 교묘하게 꾸며서 하는 말과 아첨하는 얼굴빛을 나타내는 말.

예문과 초성 보고 고사성어 맞히기

1. ㄱ ㅇ ㅇ ㅅ에 속지 마! 동민이가 거짓말을 한두 번 했어야지.
2. 회의가 너무 길어지자 사람들이 지친 나머지 ㅈ ㄱ ㄴ ㅂ으로 떠들기 시작했다.
3. 그렇게 ㅊ ㅂ ㅈ ㅊ으로 허둥대지만 말고 침착하게 해 봐, 종현아.
4. 주원이가 그러는 건 어제오늘 일이 아니긴 하지. ㅂ ㅇ ㅂ ㅈ한 일이니까 놀랍지도 않아.
5. 성호는 ㅁ ㅅ ㅅ ㅂ한 우리 학교 최고의 미남이야.
6. 선우는 매번 ㅊ ㅅ ㅂ ㄷ 하는 게 완전히 허풍쟁이가 따로 없다니까?
7. 재희야, 그렇게 ㅎ ㅈ ㅅ ㅅ 부린다고 해도 하나도 안 무섭거든?

| **빈칸 채우기 정답** | 1. 여진 2. 뇌동 3. 청청 4. 교언
| **초성 맞히기 정답** | 1. 감언이설 2. 중구난방 3. 천방지축 4. 비일비재 5. 명실상부 6. 침소봉대 7. 허장성세

| 찾아보기 |

EBS 국어 이서윤 쌤의 스토리텔링 학습 동화
읽다 보면 저절로 외워지는 초등 고사성어

초판 1쇄 발행 2025년 1월 20일

글쓴이 이서윤
그린이 박소라
펴낸이 민혜영
펴낸곳 데이스타
주소 서울시 마포구 월드컵로 14길 56, 3~5층
전화 02-303-5580 | **팩스** 02-2179-8768
홈페이지 www.cassiopeiabook.com | **전자우편** editor@cassiopeiabook.com
출판등록 2012년 12월 27일 제2014-000277호

ISBN 979-11-6827-244-6 (73710)